Bei den Indianern

Liebe Pädagoginnen und Pädagogen,

sicherlich haben Sie als Kind gern „Indianer gespielt", so wie es auch heute den Kindern immer wieder Spaß macht. Doch stimmen unsere Bilder von Indianern mit dem wirklichen Leben überein?
Wenn Sie dieser Frage nachgehen wollen, machen Sie sich mit den Kindern auf den Weg und folgen Sie gemeinsam ihren Spuren. Die vorliegende PeP-Mappe wird Sie dabei mit vielen Informationen und Anregungen unterstützen. Sie konzentriert sich vor allem auf die Indianer Nordamerikas, auf ihr ursprüngliches Denken und Handeln, auf ihre Lebensweise und ihre Kultur, auf ihr traditionelles Bewusstsein im Umgang mit der Natur. Gehen wir also zurück in die Vergangenheit.
Berücksichtigen Sie bei der Durchführung dieses Projektes das (vermeintliche) Wissen der Kinder und greifen Sie ihre Ideen auf, die sie zum Thema „Indianer" entwickeln. Seien Sie den Kindern auf diesem Weg Begleiterin und Unterstützerin. Sie werden dabei schnell feststellen, dass sich dies nicht aufs „Indianer spielen" reduzieren lässt. Unser Anspruch an dieses Projekt ist eine kritische Betrachtung des Themas, wobei wir die Kultur und den Glauben der Indianer respektieren wollen. So werden die Kinder und auch Sie sehr viel Neues über die indianische Kultur erfahren.

Viel Spaß bei diesem Projekt wünschen Ihnen

Gabriele Wensky Sandra Hänsch

Gabriele Wensky
ist Abteilungsleiterin für den Bereich Kindergarten in Konstanz.

Sandra Hänsch
leitet als Sozialpädagogin eine AWO-Kindertagesstätte in Hildesheim.

Inhalt

Projektrahmen

Aktionen

Service

Thema Indianer

Es wird der Tag kommen,
an dem die Kinder des Weißen Mannes
sich wie Indianer kleiden werden,
Perlenschnüre und Stirnbänder tragen werden.
Aus dieser Generation
werden unsere ersten wahren
nichtindianischen Freunde hervorgehen.
Aus einer Prophezeiung der Hopi-Indianer

Beim Thema „Indianer" denken viele von uns meist nur an die indianischen Völker Nordamerikas, insbesondere an die Comanchen, Sioux, Cheyenne und die Apachen. Geschichten über diese Indianer gibt es viele. Einige erzählen von Menschen, die freiheitsliebend durch die Prärie zogen, die im Einklang mit Mutter Erde lebten, sie ehrten und schützten. Nur wenige Geschichten zeigen hingegen auch die Schattenseiten des Indianerlebens, das wahrlich nicht immer einfach und schön war. Das Leben der Indianer war auch geprägt von unbarmherzigen Witterungsbedingungen, von Krankheiten und Hunger, von landhungrigen Siedlern aus Europa und von Kriegen.

Kritische Auseinandersetzung mit dem Thema

Es ist uns ein Anliegen mit dieser PeP-Mappe zum Thema „Indianer" mit hinlänglich bekannten Stereotypen und Klischees aufzuräumen. Aus diesem Grund haben wir vor allem solche Informationen und Anregungen zusammengetragen, die Ihnen und den Kindern eine kritische Auseinandersetzung mit dem Thema „Indianer" ermöglichen. Dabei sind wir zunächst einmal von der Tatsache ausgegangen, dass es **DEN** Indianer ebenso wenig gibt wie **DIE** Indianerkultur, sondern dass es viele verschiedene indianische Völker mit unterschiedlichen Kulturen und Sprachen gibt.
Aus Respekt vor der indianischen Kultur und dem indianischen Glauben fehlen in dieser Mappe unter anderem Anleitungen zur Gestaltung von „Federschmuck" und Masken. Außerdem verzichten wir auf die Weitergabe von Tänzen, die wie der Regentanz ausschließlich bei religiösen Zeremonien getanzt werden. Anleitungen zur Gesichts- und Körperbemalung haben wir ebenfalls nicht aufgenommen, da dies bei den Indianern nur im Zusammenhang mit bestimmten Anlässen geschah, unter anderem vor Kampfhandlungen. Die abfällige Bezeichnung „Rothaut" stammt von den ersten europäischen Siedlern. Da sie den Indianern meist nur in kriegerischen Auseinandersetzungen begegneten, hielten sie die rote Körperbemalung (Zinnoberfarbe) irrtümlicherweise für deren Hautfarbe. Tatsächlich haben nordamerikanische Indianer jedoch eine eher hellbraune Hautfarbe.

Vorurteile über Indianer

Allgemein wird gesagt, dass die Indianer sehr grausam und kriegerisch waren. Richtig ist jedoch, dass es seitens der Indianer erst zu Kriegen und blutigen Racheakten kam, als die europäischen Siedler sie gewaltsam ihrer Existenzgrundlagen beraubten. Die Indianer mussten ihren Lebensraum gezwungenermaßen verteidigen, um das Überleben ihrer Familien und ihres Stammes zu sichern. Je knapper ihre natürlichen Ressourcen und je größer die Not wurden, desto häufiger führten sie auch untereinander Krieg. Frauen und Kinder versuchten die Indianer jedoch aus allen Kampfhandlungen herauszuhalten.

Aussage	Falsch	Richtig
Indianergeheul	Es ist nicht wahr, dass Indianer vor einem Angriff einen Schrei ausstoßen, während sie mit einer Hand auf den Mund schlagen und auf ihre Gegner losstürmen. Das Gerücht um das „Indianergeheul" wurde durch Hollywood-Filme verbreitet.	Wahr ist, dass es bei den Indianern eine Art Trällern gibt. Dieses Trällern wird eingesetzt, um einer Person seine Verehrung mitzuteilen - wie bei einem Beifall.
eingeschränktes Sprachvermögen	Es ist nicht wahr, dass Indianer nur wenige Worte kennen und nur gebrochene Sätze bilden. In zahlreichen Filmen sprechen Indianer fast gar nicht oder sagen allenfalls Sätze wie „Hugh, ich habe gesprochen" oder „Weißer Mann spricht mit gespaltener Zunge".	Wahr ist, dass Indianer wahre Wortkünstler sind. Die indianische Sprache ist viel komplexer und genauer als unsere. Sie hat sogar für jede Situation eine eigene Bezeichnung. Am Beispiel des Navaho-Idioms lässt sich belegen, wie kompliziert der Aufbau der Indianersprachen ist. Die Sprache der Navaho leistete dem amerikanischen Nachrichtendienst im Zweiten Weltkrieg große Dienste. In Frontnähe wurden nämlich hauptsächlich Navaho-Funker eingesetzt, weil selbst versierteste Codeexperten aus dem gegnerischen Japan deren Sprache nicht entschlüsseln konnten.

Theorien zur Herkunft der Indianer

Bis vor einigen Jahren galt es als sicher, dass die ersten Einwohner Amerikas vor rund 10.000 Jahren aus Asien kommend über die Beringstraße einwanderten. Inzwischen ist in der Wissenschaft ein heftiger Streit über die wahre Herkunft der Indianer entbrannt und werden viele verschiedene Theorien diskutiert - auch solche, die längst in Vergessenheit geraten waren.
Eine dieser Theorien ist die aus der Kolonialzeit bekannte Bibeltheorie. Verfechter dieser Theorie behaupten, dass die Indianer von den zehn jüdischen Stämmen abstammen, die aus Israel vertrieben wurden. Spätere Erklärungsversuche besagen, dass die Indianer aus dem sagenhaften Land Ophir kommen (siehe „Erstes Buch von den Königen", 9. Kapitel, Vers 27 bis 28).
Lange Zeit hieß es auch, dass die Indianer Nachfahren der überlebenden Bewohner von Atlantis und anderen verschwundenen Erdteilen seien.
Einzig gesichert ist jedoch die Erkenntnis, dass viele Wege nach Amerika führten. Richtig ist außerdem, dass es mehrere Einwanderungswellen gab. Diese beiden Aspekte könnten auch die Sprachenvielfalt der Indianer erklären. Bestätigt werden diese Vermutungen durch verschiedene Forschungsergebnisse.
Die Anthropologie konnte nachweisen, dass bei indianischen und mongolischen Völkern teilweise dieselben charakteristischen Körpermerkmale zu finden sind. Dies gilt insbesondere für die hervortretenden Wangenknochen und den so genannten „Mongolenfleck" über dem Steißbein, der in den ersten Lebensjahren verschwindet. Die Genetik entdeckte ebenfalls Übereinstimmungen zwischen den Ureinwohnern Sibiriens und den nordamerikanischen Indianern sowie zwischen den Europäern und nordamerikanischen Indianerstämmen, wie den Nootka, Ojibwa, Sioux und den Navaho.
Die Ethnologie fand Gemeinsamkeiten in der Kultur der heutigen Bewohner Ost- und Südostasiens und den indianischen Bewohnern Nordamerikas. In beiden Regionen werden dieselben Tiere und Pflanzen verehrt, ähneln sich die schamanistischen Zeremonien und hat die Zahl Vier eine magische Bedeutung.

Was ist ein Stamm?

Bei einem Stamm handelt es sich um eine Gruppe von Menschen, die sich aus unterschiedlichsten Beweggründen zu einer Gemeinschaft zusammengeschlossen haben. Gründe können eine ähnliche Kultur, eine verwandte Sprache oder ein ähnlicher Dialekt, übereinstimmende Sitten und Gebräuche oder die territoriale Nähe sein. Eine genaue Zuordnung der Indianerstämme Nordamerikas ist oftmals schwierig, da diesen häufig zahlreiche Unterstämme mit eigenen Gesetzen und eigenen Führern angehören. Ein Zusammenschluss der Unterstämme erfolgt zumeist nur in Kriegszeiten, bei der gemeinsamen Büffeljagd sowie bei großen kulturellen Ereignissen.

Bekannte Indianerstämme Nordamerikas

Region	Hauptgruppe	Stämme
Pazifikküste im Westen Nordamerikas	Küsten-Indianer	Karok, Pomo, Miwok, Chumash und Cahuilla; insgesamt etwa 25 verschiedene Stämme
Steppen- und Grasland im inneren Nordamerikas	Prärie-Indianer	Blackfeet, Chayenne, Comanchen, Crow, Paiute, Shoshonen und Sioux (Lakota, Nakota, Dakota)
Südwesten Nordamerikas	Pueblo-Indianer	Acoma, Hopi, Jemez, Tewa und Zuni, Apachen, Navahos und Yuma
Osten Nordamerikas	Wald-Indianer	Cherokee, Mohawk, Micmac und Irokesen
Landesinnere von Kanada		Anishinabe, auch „Sagkeeng" genannt („Erste Nation")

Der Glaube

Für die meisten Indianer Nordamerikas sind Religion und Spiritualität untrennbar mit ihrem täglichen Leben verbunden. Der indianische Glaube besagt, dass alle Lebewesen und alle materiellen Dinge eine Seele besitzen. Sie alle sind Teil eines Universums, das von dem Schöpfer geschaffen wurde. Dieser Glaube bestimmt das Verhalten der Menschen untereinander ebenso wie ihren Umgang mit der Natur. Solch ein umfassendes Bewusstsein erfordert im täglichen Leben viel Kraft, weshalb nach indianischem Glauben die Unterstützung zahlreicher Geister und Mächte unumgänglich ist. In zahlreichen Zeremonien und Ritualen werden sie um Hilfe, Rat und Schutz gebeten, wird ihnen Dankbarkeit und Achtung entgegengebracht. Von zentraler Bedeutung für jedes Stammesmitglied ist zudem der persönliche Schutzgeist, der möglichst schon im Kindesalter zum Begleiter und Fürsprecher werden sollte. Dies gilt besonders für Jungen, aber in vielen Stämmen auch für Mädchen.
Ein Schutzgeist gibt sich jedoch nicht ein-

fach zu erkennen. Er muss sich in einer Vision zeigen. Voraussetzung dafür ist die Absonderung von der Stammesgemeinschaft sowie ein mehrtägiges Fasten. Da solch ein Traumfasten eine große körperliche Anstrengung bedeutet, wird das Kind von einem erfahrenen Angehörigen betreut. Hat das Kind keine Vision, weil es zum Beispiel zu stark unter Heimweh leidet oder noch zu jung ist, darf es das Traumfasten abbrechen.

Indianerleben gestern und heute

Nachdem Christoph Kolumbus im Jahre 1492 glaubte, in Indien gelandet zu sein, wurden alle Einwohner Amerikas „Indianer" genannt. Heute werden die Ureinwohner von Nordamerika „Indianer" und die von Südamerika „Indios" genannt.
Nicht einmal 200 Jahre nach dem Eintreffen der Spanier auf dem amerikanischen Kontinent war die Zahl der Ureinwohner um 50 Prozent gesunken. Die Eroberer aus Europa hatten Gewalt und Zerstörung ins Land gebracht. Sie begannen Kriege, töteten aus niederen Beweggründen riesige Bisonherden, vertrieben die Indianer aus ihren traditionellen Siedlungsgebieten und beraubten sie ihrer natürlichen Ressourcen.
Doch die Indianer gaben nicht kampflos auf. Aber abgesehen von einigen spektakulären Siegen, waren sie fast immer die Verlierer. Nicht einmal Verträge, die von den weißen Siedlern selbst ausgearbeitet waren und den Indianern ihr eigenes Land sichern sollten, boten Schutz und Sicherheit. Meist waren sie schneller gebrochen, als die Tinte trocknen konnte. Allmählich wurden die Indianer zu Gefangenen im eigenen Land und in bewachte „Reservate" gesperrt.

Mittlerweile ist die Zahl der „Native Americans" in den Vereinigten Staaten wieder auf rund zwei Millionen gestiegen. Ihre Lebensbedingungen sind vergleichbar mit denen in der Dritten Welt. So haben die Nachkommen der Indianer mit großen sozialen Problemen zu kämpfen. Armut, Arbeitslosigkeit, unzureichende Bildungsangebote, mangelhafte medizinische Versorgung, katastrophale Wohnverhältnisse, zerrüttete Familien bestimmen ihren Alltag. Zudem müssen sie ständig mit willkürlichen Übergriffen durch FBI, Regierungsbehörden und Polizei rechnen und sich gegen den ganz alltäglichen Rassismus wehren.
Mittlerweile haben sich zumindest die äußeren Bedingungen in den (ehemaligen) Zwangslagern verändert. Die Zäune und Kontrollposten der Reservationen sind verschwunden. Die Indianer dürfen sich nun auch außerhalb ihrer Lager aufhalten, wann immer und so lange sie wollen. Nicht wenige haben die Reservate für immer verlassen, um irgendwo in den Vereinigten Staaten ein neues Leben zu beginnen. Einige haben sich sogar auf den Weg nach Europa gemacht und sind hier geblieben.

Kinder und Indianer

Die Auseinandersetzung mit dem Thema „Indianer" stößt bei den meisten Kindern auf großes Interesse, sei es im Indianerspiel oder beim Malen indianischer Muster. Uns ist es wichtig, dass Sie die Neugierde der Kinder nutzen, um ihnen ein differenziertes Bild von den indianischen Kulturen zu vermitteln. Die Informationen und Anregungen der vorliegenden Mappe unterstützen Sie dabei. Sie erleichtern es den Kindern, sich in das Leben und Denken der ersten Bewohner Amerikas hineinzuversetzen. Spielerisch können sie Ausschnitte der indianischen Kulturen kennen und verstehen lernen.
So bringen Sie den Kindern nicht nur eine fremde Kultur näher, sondern erreichen damit auch wichtige Erziehungsziele. Unter anderem können die Kinder ihre Vorurteile kritisch überprüfen - und auf Grund ihres neu erworbenen Wissens abbauen. Diese Erfahrung wird sie künftig weniger empfänglich für Vorurteile machen, sodass sie anderen Kulturen mit mehr Toleranz und Aufgeschlossenheit begegnen können.
Ein Projekt zum Thema „Indianer" veranschaulicht den Kindern zudem, wie bewusst und achtsam sich andere Kulturen im Umgang mit der Natur verhalten. Sie erfahren, dass sich die Indianer als Teil der Natur betrachten - und nicht als Herrscher über die Natur. Diese Haltung gegenüber der Natur fördert nicht nur ein rücksichtsvolles Verhalten und Verantwortungsgefühl gegenüber der Natur, sondern auch das Sozialverhalten im Umgang mit anderen Menschen.
Motivieren Sie die Kinder mit den verschiedenen Angeboten in dieser PeP-Mappe zur Erforschung und Nachahmung, zur Auseinandersetzung mit dem wirklichen Leben und Denken der Indianer. Die vielfältigen Forschungsaufgaben, Informationen, Geschichten, Bastelangebote, Spiele, Tänze und Rezepte führen die Kinder spielerisch in die ursprüngliche Welt der Indianer.
Sollten die Kinder ein Spiel, einen Tanz oder eine Bastelaktion favorisieren, die im ursprünglichen Sinn mit einem heiligen Ritual oder einem Tabu in Zusammenhang stehen, sollten Sie die Gelegenheit nutzen und die Kinder darüber aufklären. Sicher werden Sie im Laufe des Projektes auch viele interessante Gespräche mit den Eltern führen, die mitunter nicht wissen, dass beispielsweise die rote Farbe heilig ist oder das Tragen von Kopfschmuck ein Tabu verletzen kann. Es wäre übrigens nicht ungewöhnlich, wenn Sie feststellen, dass es auch in Ihrer Elternschaft Angehörige indianischer Abstammung oder Bekannte von hier lebenden Indianern gibt. Mit der US-Armee, aus beruflichen Gründen oder durch Heirat sind viele Indianer nach Deutschland gekommen, um hier zu leben und zu arbeiten. Beziehen Sie diese Eltern in Ihr Projekt ein, damit sie ihr persönliches Fachwissen den Kindern weitergeben können. Solch eine hautnahe Erfahrung wird ihr Bild von den Indianern nachhaltig prägen.

Projektvorschlag

Betrachten Sie diese Zusammenstellung als ein mögliches Projektbeispiel oder auch nur als Appetithappen für die kommenden Seiten. Dort finden Sie diese und viele weitere Angebote.

Forschen und Entdecken

- Indianerfamilien
- Palaver, Symbolsprache, Signalsprache
- Totem-Tiere und Glückssymbole

Gestalten

- Indianerdorf aus Naturmaterialien
- Traumfänger
- Nähwerkstatt für Indianerkleidung

Bewegen und Musizieren

- Mitmachgeschichte
- Rund ums Trommeln
- Tänze um das Feuer

Spielen

- Wahrnehmungs-, Wurf- und Geschicklichkeitsspiele
- Indianische Wettkampfspiele
- Naturspiele

Feiern

- Wir feiern ein Powwow

Einstieg in das Projekt

■ Um in das Projekt einzusteigen, sollten Sie herausfinden, was die Kinder über Indianer wissen. Lassen Sie die Kinder ein Bild zum Thema malen oder fragen Sie sie in einer Gesprächsrunde nach ihrem Wissen. Dokumentieren Sie die Ergebnisse und fassen Sie diese im Beisein der Kinder zusammen. Überlegen Sie gemeinsam, wie Sie die einzelnen Aussagen für alle deutlich machen können. Vielleicht haben die Kinder Ideen für Symbole oder möchten das Genannte (noch einmal) aufmalen. Hängen Sie alle Bilder sichtbar im Gruppenraum auf. Auf diese Weise sind die zusammengetragenen Aussagen im Laufe des Projektes überprüfbar. Vielleicht wird den Kindern auffallen, dass manches falsch ist.

Dokumentation

■ Versäumen Sie nicht, dieses Projekt in seiner gesamten Vielfalt zu dokumentieren. So können Sie die Auseinandersetzung mit dem Thema auch den Eltern sichtbar machen. Fertigen Sie zu den verschiedenen Aktionen Collagen mit den Aussagen der Kinder an und umrahmen Sie diese mit Fotos. Je interessanter Sie diese Präsentation gestalten, desto mehr Beachtung findet das Projekt.

Dem Thema auf die Spur gehen

■ Im Projekt „Indianer" gibt es viel zu erforschen und zu entdecken. Bestimmt werden die Kinder im Laufe des Projekts viele Fragen haben. Sammeln und notieren Sie diese, um sie dann für alle - auch für die Eltern - gut sichtbar auszuhängen. Überlegen Sie mit den Kinder, wie sie Antworten auf die Fragen finden können. Stöbern Sie mit den Kindern in Büchern und Lexika oder besuchen Sie eine Bücherei.

Wie sehen Indianer aus?

■ Überlegen Sie gemeinsam mit den Kindern, wie Indianer wirklich aussahen. Gehen Sie mit ihnen in eine Bücherei und suchen Sie in verschiedenen Büchern nach Abbildungen. Fragen Sie auch bei den Eltern nach. Vielleicht gibt es ja unter ihnen einige „Fachleute" zum Thema.

Eine Handpuppe erzählt

■ Eine Möglichkeit, die Kinder auf das Projekt einzustimmen und ihre Freude zu wecken, ist der Einsatz einer Handpuppe. Diese begleitet die Kinder durch das gesamte Projekt. Schon nach kurzer Zeit werden Sie feststellen, wie schnell die Kinder einen Bezug zu dieser Puppe entwickeln. Die Handpuppe wird nicht nur die Aufmerksamkeit und das Interesse der Kinder wecken, sondern auch aus dem Leben der Indianer erzählen. Wählen Sie eine Handpuppe, die das Aussehen eines Indianers hat oder ein Tier verkörpert, das wie der Wolf, der Bison, das Pferd oder der Bär zum Leben der Indianer gehörte.

Befragungen

■ Lassen Sie die Kinder Befragungen durchführen. In Kleingruppen interviewen sie Erwachsene, beispielsweise andere Erzieherinnen oder Passanten. Die Ergebnisse halten die Kinder mit einem Aufnahmegerät fest und spielen sie später der Gesamtgruppe vor. Sie können die gesammelten Aussagen auch mit kleinen Zeichnungen festhalten oder mit Symbolen notieren. Bevor es losgeht, sollten die Kinder klären, wer welche Aufgabe bei der Befragung übernimmt. Wer stellt die Fragen? Wer hält das Diktiergerät? Wer macht die Notizen? Jetzt gilt es nur zu klären, welche Fragen die Kinder besonders interessieren. Sie könnten zum Beispiel fragen:

- Welche Sprachen sprechen die Indianer?
- Wie verständigen sie sich untereinander?
- Welche Aufgaben hatten die Frauen, welche die Männer?
- Wie wird man Medizinmann? Warum ist er so wichtig für seinen Stamm?
- Tragen die Indianer ihren prächtigen Federschmuck jeden Tag?

Nach der Befragung werden die Antworten in der Gesamtgruppe ausgetauscht und gemeinsam ausgewertet. Eventuell sind einige Antworten nicht zufrieden stellend oder werfen neue Fragen auf. In diesem Fall motivieren Sie die Kinder, selbst nach Antworten zu suchen. Dann werden sie bestimmt stolz sein, mehr als mancher Erwachsene zu wissen.

Variation: Geben Sie den Kindern die „Hausaufgabe", ihre Eltern zu befragen.

Wo leben die Indianer?

■ Sehen Sie sich mit den Kindern eine Weltkarte oder einen Globus an. Wissen sie, wo Deutschland liegt? Und wer kann die Heimat der Indianer zeigen? Da der Umgang mit der Landkarte oder einem Globus für die meisten Kinder eine große Herausforderung darstellt, sollten Sie vor allem nach bekannten Indianerstämmen in Nordamerika suchen lassen. Wahrscheinlich kennen viele Kinder Amerika, bringen es aber nicht als Heimat der Indianer in Verbindung.

Bei diesem Kartenstudium erfahren die Kinder, wie weit Deutschland und Amerika voneinander entfernt sind. Vielleicht ist ein Kind schon einmal dort gewesen und kann von dem Land erzählen. Je mehr die Kinder über das frühere und heutige Amerika erfahren, desto mehr Bezug werden sie zum Thema entwickeln.

Indianerfamilie

Sprechen Sie mit den Kindern über ihre Rolle in ihrer Familie. Welche Gemeinsamkeiten, welche Unterschiede gibt es in den Familien? Vergleichen Sie diese Ergebnisse mit dem Familienleben der Indianer. Wo gibt es Unterschiede, wo Gemeinsamkeiten? Dieser Vergleich bringt den Kindern die indianischen Kulturen näher und macht ihnen gleichzeitig die Rollenverteilung in der eigenen Kultur bewusster.

Erziehung der Indianerkinder

In der Vergangenheit wurden die Indianerkinder schon früh auf ihr zukünftiges Leben vorbereitet. Die Mädchen spielten mit Puppen und halfen der Mutter bei der Erledigung ihrer Aufgaben. So lernten sie alles für die Hausarbeit und ihre spätere Rolle als Frau. Die Jungen wurden mit Pfeil und Bogen ausgestattet, um Kampfszenen und Jagdausflüge nachzuahmen. Die älteren Jungen begleiteten ihre Väter bei der Jagd, um sich im Spurenlesen, Reiten, Bogenschießen und Schwimmen zu üben.

Häuptling, Ältestenrat, Medizinmann

■ Die Indianer hatten neben der Jagd und dem Kochen, der Herstellung von Werkzeugen und Kleidung viele Dinge zu tun. Fragen Sie die Kinder, ob sie wissen, bei welchen Problemen oder Streitigkeiten die Weisheit der Stammesältesten gefragt war. Und was tat eigentlich der Häuptling? Wer wurde gerufen, wenn ein Stammesmitglied schwer krank oder verletzt war? Fragen Sie die Kinder, ob sie auch jemanden kennen, den sie um Rat und Hilfe bitten können. Was tun sie, damit sie gesund und munter bleiben?

Brave Mädchen helfen. Wilde Jungen jagen.

■ Fragen Sie die Kinder, wie ihr Tagesablauf aussieht. Wo verbringen sie ihren Tag? Was tun sie am liebsten? Wie helfen sie ihrer Mutter, wie ihrem Vater? Die Antworten zeichnen Sie gemeinsam mit den Kindern auf ein Plakat. Erforschen Sie danach den Tagesablauf der Indianerkinder. Gehen Sie dabei genauso vor und erstellen Sie ein zweites Plakat. Nachdem auch dieses Plakat fertig ist, hängen oder legen Sie beide Plakate nebeneinander. Nun können die Kinder ihren Tagesablauf mit dem der Indianerkinder vergleichen. Was fällt ihnen auf?

Tipp: Das Wissen über den Tagesablauf und die Aufgaben der Indianerkinder können die Kinder aus Büchern und Abbildungen zusammentragen.

Männerarbeit - Frauenarbeit

■ Diskutieren Sie mit den Kindern die Rolle des Mannes in der Familie. Welche Aufgaben haben die Väter im Haushalt? Wessen Vater muss jeden Tag zur Arbeit gehen? Welche Berufe haben die Väter? Wer kennt die Arbeitsstelle seines Vaters?
Sammeln Sie die Antworten der Kinder und notieren Sie diese. Die Kinder können ihre Aussagen auch aufmalen und die fertigen Bilder danach gemeinsam ansehen. Ermuntern Sie die Kinder Gemeinsamkeiten und Unterschiede im Alltag ihrer Väter festzustellen. Erforschen Sie danach mit den Kindern, welche Aufgaben die Männer bei den Indianern hatten. Um das zu erfahren, sehen sie sich einige Bücher an. Bei welchen Tätigkeiten sind die Indianer abgebildet?
Nachdem die jeweiligen Rollen der Männer und Väter geklärt sind, wiederholen Sie diese Vorgehensweise, um nun mit den Kindern die Rollen der Frauen und Mütter zu ergründen.

Rollenverteilung bei den Indianern
Bei den meisten Indianerstämmen war der Mann das Oberhaupt der Familie. Er musste für ihr Wohlergehen sorgen, sie schützen und verteidigen. Als Jäger und Fischer kümmerte er sich um ihre Versorgung und als Krieger um ihre Sicherheit.
Anders war dies zum Beispiel bei den Irokesen. Hier kontrollierte die Frau die Wahl des Häuptlings und konnte diesen auch wieder absetzen. Außerdem gehörten ihr das Haus sowie die Felder.
Doch auch bei den anderen Indianerstämmen wurde die Frau sehr geachtet. Schließlich war sie für den gesamten Haushalt, die Garten- und Feldarbeit sowie für die Kindererziehung zuständig. Außerdem zerlegten die Frauen die Jagdbeute, kümmerten sich um Vorräte, sammelten Beeren und Wurzeln, suchten Feuerholz und gerbten Büffelhäute. Sie mussten die Tipis herstellen, sie auf- und abbauen. Sie konnten Körbe flechten und töpfern, weben, nähen sowie kunstvolle Stickereien und Schmuckgegenstände herstellen.

Dürfen Mädchen auf die Jagd gehen?

■ Die Kinder wissen bereits, welche Aufgaben die Frauen früher bei den Indianern hatten und welche sie heute bei uns haben. Sie wissen außerdem, für welche Dinge die Männer zuständig sind. Gehen Sie nun der Frage nach, was bei den Indianern als reine Frauenarbeit und was als echte Männersache galt. Wie ist das in den Familien der Kinder geregelt?
Fordern Sie die Kinder auf, über ihre jeweilige Familiensituation zu berichten. Eventuell entwickelt sich sogar eine Diskussion, wenn sie erfahren, dass es Hausfrauen und Hausmänner, allein erziehende Mütter und Väter gibt.
Tipp: Notieren Sie die Aussagen der Kinder. Diese können später für die Eltern oder als Teil einer Ausstellung ausgehängt werden.

Auf den Spuren der Indianer die Natur entdecken

Orientierungswanderung mit Karte

■ Erzählen Sie den Kindern, dass sich Indianer in fremdem Gelände orientieren und unauffällig bewegen konnten. Das mussten sie auch, denn wer sich verirrte oder zu ungeschickt anstellte, konnte von seinem Gegner entdeckt werden. Damit die Kinder herausfinden, ob auch sie dies können, testen sie das bei einer gemeinsamen Orientierungswanderung.

Bevor es losgeht, müssen Sie einige Vorbereitungen treffen. Wählen Sie ein geeignetes Gelände aus und fertigen Sie davon eine Karte an, in die Sie den späteren Weg einzeichnen. Gehen Sie diesen Weg ab und achten Sie dabei auf geeignete Orientierungspunkte, beispielsweise auf einen großen umgestürzten Baum, einen auffälligen Baumstamm oder eine Lichtung. Markieren Sie diese Stellen in Ihrer Karte mit kleinen Symbolen.

Nun können Sie sich gemeinsam mit den Kindern auf den Weg machen. Zeigen Sie den Kindern die Karte und besprechen Sie die Route. Verstehen alle Kinder die Karte und die Bedeutung der Symbole? Helfen Sie bei Bedarf mit kleinen Tipps beim Kartenstudium. Als nächstes ist zu klären, welche Kinder während der Wanderung für die Karte verantwortlich sind. Achten Sie dabei darauf, dass alle Kinder den Weg gemeinsam suchen und aufeinander Rücksicht nehmen. Erzählen Sie, dass sie es wie die Indianer machen sollen. Damit alle zusammen ans Ziel kamen, halfen die Gesunden und Kräftigen den Kranken und Alten, den Frauen und Kindern.

Helfen Sie bei der Orientierungswanderung nur, wenn die Kinder absolut nicht weiter wissen, denn desto stolzer werden sie auf den gefundenen Weg sowie die erkannten Zeichen sein.

Variation: Gestalten Sie die Wanderung noch interessanter, indem Sie verschiedene Aufgaben einbauen. Diese werden als Fragezeichen in der Karte symbolisiert. Die Kinder müssen

- Früchte, Blätter, Blumen, Gräser und Zapfen bestimmen,
- ein Blatt von einem Kastanienbaum, einer Birke oder einer Eiche finden,
- möglichst viele verschiedene Gräser, Beeren, Steine, Rindenstücke sammeln,
- etwas Glitschiges, etwas Lebendiges, etwas Weiches und etwas Raues entdecken,
- viele verschiedene Tierspuren aufzeichnen.

Tierspuren entdecken und „mitnehmen“

■ Die Kinder machen es den Indianern gleich. Wachsam und bewusst gehen sie durch die Natur, denn sie sind auf der Suche nach Spuren von Hasen, Füchsen, Wildschweinen und Rehen. Wenn sie fündig werden, nehmen Sie mit den Kindern Gipsabdrücke von den Tierspuren.

Stecken Sie einen Kartonstreifen zu einem Ring zusammen. Dieser wird um den Abdruck in die Erde gedrückt. Achten Sie darauf, dass der Untergrund nicht zu feucht ist, da der Gips sonst schlecht oder gar nicht bindet. Nach etwa 20 Minuten graben die Kinder den Abdruck mit etwas Erde aus. Nun muss das Ganze noch einige Stunden trocknen.

Damit die Kinder auch später wissen, von welchem Tier welche Spur stammt, malen sie zu jedem Abdruck das dazugehörige Tier. Hängen Sie die Abdrücke mit den Bildern und Informationen so auf, dass sie jederzeit für die Kinder zugänglich sind.

Tipp: Stöbern Sie gemeinsam mit den Kindern in Büchern nach weiteren Informationen zu den Tieren.

Barfuß-Spaziergang

■ Bieten Sie den Kindern eine ganz spezielle Natur- und Sinneserfahrung. Machen Sie einen Spaziergang. Das Besondere daran ist, dass alle - wie einst auch einige Indianer - barfuß unterwegs sind. Wählen Sie einen Weg, auf dem sich niemand verletzen kann. Wichtig ist nicht die Länge des Weges, sondern dass er viele verschiedene Sinneserfahrungen vermittelt. Dies kann auch ein kurzer Weg auf dem Gelände Ihrer KiTa sein. Lassen Sie die Kinder über den Rasen gehen, durch Sand und Erde, über Steine, Kies und Fliesen, über Stöcke und einen umgestürzten Baumstamm.

Setzen Sie sich nach dem Spaziergang mit den Kindern zusammen und tauschen Sie sich mit ihnen über ihre Eindrücke aus. Wie ist es ihnen ergangen? Was hat ihnen gefallen, was nicht? Könnten sie sich vorstellen, öfters barfuß zu gehen?

Horchtest

■ Die Kinder legen sich bäuchlings auf die Erde und halten ein Ohr auf den Boden, um wie die Indianer Spuren aufzunehmen. Sie schließen die Augen, damit sie sich auf ihren Hörsinn konzentrieren können.

Während alle Kinder am Boden liegen, gehen Sie in wechselnder Entfernung an ihnen vorbei. Laufen, trampeln, schleichen und springen Sie. Welche Gangart ist besser zu hören?

Danach legen sich die Kinder auf die Wiese, auf den Steinfußboden und in den Sand. Hören sie die Unterschiede?

Legen Sie kurze Pausen ein, in denen die Kinder über ihre Hörerlebnisse berichten.

Variation: Die Kinder bilden Paare und machen die Übungen zu zweit.

Der Adler

Adler gelten bei den Indianern als Symbol der Erleuchtung. Diese erlangt nur, wer Zugang zum Geist und zur Quelle des Lebens findet. Dem scharfen Blick des Adlers entgeht nichts. Selbst wenn er hoch am Himmel schwebt, sieht er die unscheinbarsten Dinge. Diese Fähigkeit ist gleichbedeutend mit Voraussicht, seine Energie mit Handlungsbereitschaft. Adlerfedern verkörpern diese Eigenschaften. Deshalb schmückten sie die Kriegsfahnen der Creek, galt das Tragen einer Adlerfeder im Haar bei den Dakota als besondere Ehre und halfen sie den Schamanen bei der Heilung kranker Menschen.

Indianer mit einem Adler als Richtungstotem haben meist feste Grundsätze und einen unabhängigen, abenteuerlustigen Geist. Ihr Denken ist auf die Zukunft gerichtet. Sie sehen und erkennen die Dinge in ihrer Gesamtheit. Sie können ins Herz der Dinge schauen und deren Wesen erkennen. Diese Fähigkeiten verhelfen ihnen zu weisen Entscheidungen und zu entschlossenem Handeln.

Adlerfedern als Auszeichnung

Für die Prärie-Indianer war der Zweikampf verdienstvoller als das Verschießen von Pfeilen. Als größte Heldentat galt dabei der „Coup“. Ursprünglich beschränkten sich „Coups“ auf die bloße Berührung des Gegners. Dazu gehörte auch das Entreißen der Waffen oder der Raub eines Pferdes. Später gehörte zu einem „Coup“ auch das Verwunden oder das Töten des Feindes. Bei den Sioux zeigten Adlerfedern, wie erfolgreich ihr Träger bei „Coups“ war.

Quelle: www.welt-der-indianer.de/interessant.html

Adlerfedern als Kopfschmuck

■ Bestimmt wissen die Kinder, dass Indianer Federn als Kopfschmuck verwendeten. Die Bedeutung der einzelnen Federn werden sie vermutlich aber nicht kennen. So zeigten die Adlerfedern bei den Sioux, wie erfolgreich ihr Träger im Zweikampf war:

- Ein roter Fleck = Ein Feind wurde getötet.

- Eine rot gefärbte Feder = der Träger wurde im Kampf verwundet.

- Ein gezackter Rand = der Träger hat mehrere Feinde getötet.

- Gespaltene Federn = Der Träger wurde mehrere Male im Kampf verwundet.

Suchen Sie mit den Kindern vier gleich große Federn und gestalten Sie gemeinsam ein Plakat, um die Bedeutung der Federn darzustellen.

Wie sich Indianer verständigen

Palaver, Palaver

■ Lang andauernde Verhandlungen wurden bei Indianern „Palaver" genannt. Spielen Sie mit den Kindern solch ein Palaver nach. Verteilen Sie dafür verschiedene Fingerpuppen oder bauen Sie ein Tischtheater auf, an dem mehrere Kinder mit kleinen Püppchen solche Verhandlungen üben können.
Vielleicht haben die Kinder ja so viel Spaß dabei, dass sie weitere Puppen basteln wollen und anderen Kindern oder den Eltern ein Palaver vorspielen möchten.

Der „Talking Stick" geht rum

■ Damit bei Versammlungen nicht alle durcheinander reden, nutzen die Anishinabe-Indianer einen „Talking Stick". Das ist Englisch und bedeutet „Erzählstab". Nur wer ihn in der Hand hält, darf sprechen.
Weil die Anishinabe ausschließlich Materialien verwenden, die direkt aus der Natur stammen, ist auch der Talking Stick aus Holz gefertigt. Sie sollten diese Gewohnheit übernehmen. Suchen Sie mit den Kindern einen Ast, der am Boden oder in einem Bach liegt. Bearbeiten Sie ihn mit Schmirgelpapier und polieren Sie ihn anschließend, bis er richtig glatt ist und glänzt. Danach dürfen die Kinder den Stab mit einem besonders schönen Stein oder mit Perlen schmücken.
Nun haben auch die Kinder einen Erzählstab für ihre Gesprächsrunden. Wie bei den Anishinabe-Indianer darf immer nur das Kind sprechen, das gerade den Stab in der Hand hält.

Gespräch ohne Worte

■ Die Indianer sprechen zwar viele verschiedene Sprachen und Dialekte, haben aber eine gemeinsame Zeichensprache. Etwa 400 Gebärden bringen zum Ausdruck, was 1.000 bis 1.200 Wörter sagen. So können sie selbst schwierigste Gespräche führen. Hilfreich ist diese Zeichensprache auch in Situationen, wo absolute Stille herrschen muss.
Fragen Sie die Kinder, ob sie sich schon einmal per Zeichensprache verständigen mussten. Wann war das und mit welchen Gebärden haben sie sich verständigt?

Wir erfinden eine Symbolsprache

■ Erfinden Sie gemeinsam mit den Kindern eine Symbolsprache, mit der sie sich kleine Nachrichten schreiben können. Überlegen Sie mit ihnen Symbole aus dem Leben der Indianer. Nehmen Sie anfangs nicht zu viele Symbole, damit sich alle Kinder diese einprägen können.

Indianer = Kopf mit Feder im Haar
Indianerin = Kopf mit zwei Zöpfen und Feder im Haar
Tipi aufbauen = Zelt
jagen = Pfeil und Bogen
Büffeljagd = Umriss eines Büffels
etwas auskundschaften = Auge oder Ohr
Essen kochen = Topf über einem Feuer
etwas tauschen = zwei Hände mit Gegenständen
Treffen = zwei Indianerköpfe sehen sich an

Achten Sie bei der Wahl der Symbole darauf, dass sie einfach gehalten sind, damit auch die Kinder diese leicht aufmalen können.

Die Kinder malen jedes Symbol auf eine Karteikarte.

So können sie die Bilder für verschiedene Mitteilungen verwenden. Greifen Sie diese täglich im gemeinsamen Kreis auf, indem Sie zum Beispiel ausreichend Zeit einplanen, um eine oder mehrere Nachrichten mit den Karten zu legen und von den Kindern entschlüsseln zu lassen.

Legen oder hängen Sie die Karten so hin, dass sie für die Kinder jederzeit griffbereit sind. Auf diese Weise können sie diese auch in ihr Rollenspiel einfließen lassen. Um dies noch zu fördern richten Sie mit den Kindern einen Platz her, der nur für das „Schreiben" der Nachrichten genutzt werden darf. Dort liegen Papier und Stifte aus.

Signalsprache

Die Indianer beherrschen verschiedene Signalsprachen, mit denen sie sich über weite Strecken verständigen können. Beispielsweise kann ein Reiter durch die Art und Weise, wie er mit seinem Pferd große Kreise, vor- und zurückgaloppiert oder einen Hügel hinauf- und hinabtrabt, einem aufmerksamen Beobachter in der Ferne präzise Nachrichten übermitteln. Andere indianische Signalsprachen sind unserem Morsealphabet ähnlich. Mit hin- und hergeschwenkten Decken oder lang und kurz aufblitzenden Spiegelsignalen lassen sich kurze und lange Zeichen kombinieren. Nach diesem Prinzip funktionieren auch Rauch- und Staubzeichen. Je nachdem wie viel frisches Gras ins Feuer geworfen wird, steigt der Rauch in die Höhe. Wird trockener Schmutz aufgewirbelt, bilden sich Staubwolken. Sogar die Flugbewegungen von Aasvögeln lassen sich durch ausgebreitetes Aas so deuten, dass Eingeweihte die Botschaft selbst in weiter Ferne verstehen können.

Die Bedeutung der Erde

■ Nach dem Glauben der Indianer bringt die Erde alle Lebewesen hervor. Sie muss deshalb wie eine Mutter geachtet werden. Geben Sie den Kindern Gelegenheit, verschiedene Erfahrungen mit dem Element Erde zu machen. So können sie beispielsweise Erde unter der Lupe betrachten, Erdpartikel mikroskopieren und Samenkörner in die Erde stecken.

Totem-Tiere

Das Leben ist nach indianischem Glauben ein ewiger Kreislauf von Geburt, Tod und Wiedergeburt. Der magische Kreis, der die ganze Welt in sich einschließt, wird Medizinrad genannt. Das Rad symbolisiert alle vier Himmelsrichtungen, Jahreszeiten und Elemente:

Norden	*Winter*	*Feuer*
Osten	*Frühling*	*Erde*
Süden	*Sommer*	*Luft*
Westen	*Herbst*	*Wasser*

Jeder Mensch sollte das Medizinrad mindestens einmal umwandern. Die Ausgangsposition bestimmt das Geburtsdatum. Je nach Stand des Mondes erhält der Mensch für seine Reise spezielle Kräfte und Fähigkeiten, die ein Anfangstotem-Tier symbolisiert. Traditionelle Totem-Tiere sind: Adler, Ameise, Antilope, Bär, Biber, Bison, Dachs, Eichhörnchen, Eidechse, Elch, Eule, Falke, Fledermaus, Frosch, Fuchs, Gürteltier, Hase, Hund, Kojote, Kolibri, Krähe, Libelle, Luchs, Maus, Otter, Pferd, Präriehuhn, Puma, Rabe, Reh, Schildkröte, Schlange, Schmetterling, Schwan, Spinne, Stachelschwein, Stinktier, Truthahn, Wapiti, Wiesel und Wolf.

Glückssymbole

■ Lassen Sie die Kinder eigene Glückssymbole erfinden. Vielleicht ist es für ein Kind ein besonderer Stein, ein Stock, ein Kuscheltier oder ein Schmuckstück. Überlegen Sie mit den Kindern gemeinsam, wie sie ein solches Symbol entdecken können und warum es eine besondere Bedeutung hat.

Schildkröten und Eidechsen

Einige Indianerstämme bewahrten die Nabelschnur ihrer Neugeborenen als Glücksbringer in kleinen Beuteln auf und legten sie in die Wiege. Die Beutel der Mädchen symbolisierten eine Schildkröte, die der Jungen eine Eidechse.

Indianer und Bison

■ Der Bison versorgte die Indianer mit fast allen Dingen für den Haushalt und die Jagd, für die Ernährung und die Kleidung. Die Indianer töteten aber immer nur so viele Tiere, wie sie zum Überleben brauchten. Überlegen Sie gemeinsam mit den Kindern, aus welchen Materialien ihre Schuhe und Kleidung hergestellt werden, welches Fleisch sie gerne essen.

Der Bison

Der amerikanische Bison (oft fälschlich Büffel genannt) ist doppelt so groß und schwer wie unser Rind. Er wird etwa zwei Meter hoch, drei Meter lang und 900 Kilogramm schwer. Da die weiblichen Bisons kleiner sind, wurden sie bevorzugt gejagt.

Bevor die Spanier das Pferd nach Amerika brachten, jagten die Plains-Indianer den Bison, indem sie sich als Tiere verkleidet in eine Herde schlichen oder sie über eine Klippe in den Abgrund trieben.

Hatten die Jäger ein Tier getötet, zerlegten sie es gründlich. Selbst Hörner, Haut, Haare und Knochen wurden zu mehr als 80 verschiedenen Gegenständen verarbeitet.

Indianer auf dem Wasser

■ Indianer sind nicht nur geritten, sondern haben sich auch mit Hilfe von Kajaks fortbewegt. So konnten sie Flüsse überqueren oder in tieferen Gewässern Fische fangen. Sammeln Sie große Kartons und gestalten Sie daraus mit den Kindern ein Kajak, das sie mit einem schönen Muster bemalen können.

Das Leben im Indianerstamm

Indianerdorf aus Naturmaterialien

■ Kinder gestalten gerne Landschaften aus verschiedenen Naturmaterialien. Nutzen Sie dieses Interesse und bauen Sie mit ihnen zusammen ein kleines Indianerdorf auf einem Tisch oder in einer Ecke des Raumes. Sie benötigen:

- 1 Pappe (40 x 40 Zentimeter)
- 1 Pappe (20 x 40 Zentimeter)
- Tusche
- Schaschlikspieße
- Papier
- Pfeifenputzer
- Holzperlen
- verschiedene Naturmaterialien

Die größere Pappe dient als Landschaft und wird zunächst grün angemalt. Die kleinere Pappe bildet den Hintergrund, auf den die Kinder einen Fluss, Hügel, Berge und Bäume malen. Diese Landschaft stellen die Kinder so hinter die grüne Pappe, dass die Weite der Landschaft, in der das kleine Indianerdorf steht, deutlich wird.

Jetzt werden auf die grüne Fläche die Utensilien gestellt, die in ein Indianerdorf gehören: Tipis aus Schaschlikspießen und Papier, kleine Figuren aus Pfeifenputzern und Holzperlen, Baumstämme und Erdkugeln.

Wir bauen ein Tipi

■ Das Tipi, bei den Prärie-Indianern auch „Wigwam“ genannt, war ein wichtiger Raum im Leben der Indianer. Hier versammelten, kochten, aßen und schliefen sie. Diese Zelte nahmen sie sogar mit, wenn sie auf Büffeljagd gingen. Bauen Sie mit den Kindern solch ein Tipi. Sie benötigen:

- 6 lange Latten
- 5 kleine Holzstangen für Querverstrebungen
- 4 alte Bettlaken oder Decken
- Sisalschnur
- eine Lochzange

Damit die Kinder sehen, wie arbeitsintensiv der Bau eines solchen Tipis ist, sollten Sie bereits bei der Materialbeschaffung einbezogen werden. Gehen Sie gemeinsam in den Wald, um dort die langen Stöcken für die sechs benötigten Latten zu suchen. Vielleicht gibt es in Ihrer Nähe auch eine Tischlerei oder Zimmerei, wo Sie nach sechs Latten fragen können. Stellen Sie die Holzstangen zu einem Kreis auf und binden Sie diese am oberen Ende mit der Sisalschnur fest zusammen. Um dem Tipi mehr Stabilität zu geben, setzen Sie zwischen die Stangen die fünf Querverstrebungen und binden Sie diese mit der Sisalschnur fest. Nehmen Sie dann die alten Bettlaken und lochen Sie die längeren Seiten mit der Lochzange. Nähen Sie die Laken dann mit dem Paketband zu einer „Plane“ zusammen. Dort, wo der Eingang sein soll, nähen Sie die Plane nur zur Hälfte zusammen. Anschließend wird die Plane über die Stangen gelegt und festgebunden.

Die äußere Gestaltung des Tipi

■ Die Kinder dürfen die Zeltwände mit Erdfarben bemalen. Eventuell haben Sie die Möglichkeit, diese Aktion längerfristig zu planen, sodass die Kinder bei ihrem nächsten Urlaub ein kleines Tütchen Erde aus anderen Ländern mitbringen können. Besprechen Sie diese Idee auch mit den Eltern.

Besteht diese Möglichkeit nicht, machen Sie mit den Kindern einen Ausflug und besorgen Sie verschiedene Sorten Erde aus Ihrer Umgebung.

Tipp: Rezepte zur Herstellung von Erdfarben siehe in den PeP-Mappen „Elfen und Trolle“ sowie in „Farben“.

Kaktus

■ In die Landschaft lassen sich sehr gut Kakteen aus Pappmaschee stellen. Sie benötigen:

- Luftballons in verschiedenen Formen
- Kleister
- alte Zeitungen
- grüne Farbe
- Zahnstocher
- einige Stopfnadeln

Rühren Sie mit einigen Kindern den Kleister an, während andere die Zeitungen in kleine Schnipsel reißen und die Luftballons aufpusten. Dann werden die Zeitungsschnipsel im Kleister eingeweicht und auf die Luftballons geklebt. Lassen Sie die Ballons anschließend gut durchtrocknen. Bohren Sie mit einer Stopfnadel kleine Löcher für die Zahnstocher in den Ballon. Nun können die Kinder die Kakteen mit „Stacheln" versehen und grün anmalen.

Steckenpferde

■ Selbst gebaute Steckenpferde verleihen Ihrem Indianer-Projekt eine besondere Note und machen es für die Kinder noch interessanter. Sie benötigen Nähnadel, Nähgarn, Bastelwatte und pro Pferd:

- 1 Holzstock (etwa 1 Meter lang)
- 1 braune, schwarze oder beige Socke
- Beige, braune oder schwarze Wollreste für die Mähne
- 2 Knöpfe für die Augen

Gemeinsam mit den Kindern füllen Sie den Fuß der Socke mit Bastelwatte. Danach nähen Sie die Augen an und sticken mit schwarzer Wolle das Maul. Auf den Schaft der Socke bis zum Kopf nähen Sie die Mähne. Füllen Sie nun noch mehr Watte in die Socke und schieben Sie sie dabei über den Stock. Am Ende binden Sie die Socke fest zu, sodass der Kopf fest sitzt.

Pferde bei den Indianern

Die Spanier brachten im 17. Jahrhundert die ersten Pferde nach Amerika. Als erstes nutzten die Comanchen die Vorzüge dieser Tiere. Bevor sie selbst mit der Pferdezucht begannen, fingen sie die entlaufenen Pferde der Spanier ein. Im Laufe der Zeit gelangte das Pferd weiter nach Nordamerika. Die Indianer nutzten die Tiere als Zahlungs- und Transportmittel. Nun konnten auch Alte und Kranke transportiert werden, die zuvor zurückgelassen wurden. Im Laufe der Zeit entstand ein reger Tauschhandel zwischen Indianerstämmen, die sich vorher nie begegnet waren. Getauscht wurden Pferde aus dem Süden gegen Feuerwaffen aus dem Norden. Die Kombination von Pferd und Feuerwaffe war auch für die Jagd hilfreich. Mit speziell ausgebildeten Jagdpferden und ihren neuen Waffen war die Jagdausbeute wesentlich größer.

Traumfänger

Gemäß der indianischen Mythologie fängt der Traumfänger (Dreamcatcher) alle bösen Träume mit seinem Netz. Nur die guten Träume können über die Federn auf den Schlafenden herabgleiten. Die schlechten Träume bleiben im Netz gefangen, bis sie morgens vom Licht der Sonne ausgelöscht werden.

■ Verleihen Sie dem Raum Ihrer Gruppe eine besondere Atmosphäre und gestalten Sie einen Traumfänger. Neben einer guten Bastelschere, Kleber und einem Filzstift benötigen Sie:

- 1 Bambusring (gibt es im Bastelladen)
- Angelsehne, Perlonfaden, Zwirn oder dünne Paketschnur
- Bänder aus Leder, Bast oder Paketband
- Holz- oder Glasperlen
- Federn
- Bambusstäbe oder selbst gesammelte Naturmaterialien

Markieren Sie mit Filzstift in regelmäßigen Abständen kleine Punkte auf dem Bambusring. Nehmen Sie einen dünnen Faden, der etwa sieben mal so lang sein sollte, wie der Umfang des Reifens. Knoten Sie ein Fadenende an eine beliebige Stelle des Reifens und fädeln Sie das andere Ende auf eine Nadel. Nun führen Sie die Nadel von vorne nach hinten über den Reifen und dann durch die Schlaufe, die sich auf diese Weise gebildet hat. Diesen Vorgang wiederholen Sie, bis der Reifen ein Mal umrundet ist.
Dann ziehen Sie den Faden mit der Nadel von unten nach oben (oder umgekehrt) durch die erste Schlaufe. Auf diese Weise schließt sich das Netz nach und nach. Halten Sie den Faden immer möglichst straff, damit sich das Netz nicht versehentlich verknotet. Sollte der Faden reißen oder zu kurz sein, knoten Sie ein neues Stück an und verdecken den Knoten mit einer Perle.
Arbeiten Sie beim Spannen des Netzes verschiedene Perlen ein. Sie können die Perlen lose auffädeln oder an einer bestimmten Stelle fixieren, indem Sie um die Perle eine Schlaufe machen, bevor Sie zur nächsten Schlaufe im Netz übergehen. Ist das Netz geschlossen, wird das Fadenende fest verknotet und der Traumfänger mit Perlen verziert. Fädeln Sie Perlen und Federn auf ein dickes Band, das Sie dann am Reifen befestigen. Als Aufhängung knoten Sie an den oberen Rand des Traumfängers eine Leder- oder Bastschnur.
Variation: Gestalten Sie aus kleinen Traumfängern schönen Schmuck oder verzieren damit eine Karte. Auch als Geschenk ist ein Traumfänger sehr willkommen und kann über dem Bett aufgehängt werden. Versehen mit kleinen Kärtchen, auf denen viele gute Wünsche stehen, ist ein Traumfänger ein besonders schönes Geburtstagsgeschenk.

Indianerkleidung

Rollenspiele machen den Kindern sicher noch mehr Spaß, wenn sie sich dabei verkleiden dürfen. Daher sollten Sie auf die Herstellung von passender Kleidung nicht verzichten.

Nähwerkstatt einrichten

■ Sie benötigen Scheren, Näh-, Leder- und Stecknadeln, Nähgarn und festen Zwirn, Alleskleber, Perlen, kleine Knochen, Stofffarbe, Stifte, Maßbänder.

Perlen aus Ton

■ Besorgen Sie im Bastelbedarf lufthärtenden Ton, aus dem die Kinder Perlen in Form von Kugeln oder Scheiben formen. Da der Ton zunächst noch weich ist, können die Kinder durch jede Perle ein Loch bohren.
Nun müssen die Tonperlen gut aushärten - beachten Sie bitte die Herstellerangaben. Sind die Perlen getrocknet, werden sie von den Kindern mit bunten Mustern bemalt. Zum Abschluss können sie die Perlen noch mit Klarlack bestreichen, damit sie beim Tragen nicht abfärben.

Perlen drehen

■ Auch buntes Zeitungspapier eignet sich sehr gut für die Herstellung von Perlen. Das Besondere an dieser Technik ist, dass keine Perle der anderen gleicht. Schneiden Sie mehrere Dreiecke zurecht (3 x 10 Zentimeter). Beginnen Sie am breiten Ende und wickeln Sie dieses über eine Stricknadel. Geben Sie zwischendurch immer wieder einen Klebepunkt auf das Papier, damit die Perlen später nicht aufgehen. Wenn Sie genug Perlen angefertigt haben, lackieren Sie diese mit Sprühlack oder farblosem Nagellack. Nun müssen die Perlen einige Zeit trocknen, bevor die Kinder sie auf Nylonfäden aufziehen können. Sicherlich werden sie von ihren einzigartigen Ketten sehr begeistert sein.

Indianerkleid

■ Pro Indianerkleid benötigen Sie ein großes T-Shirt sowie ausreichend Leder oder Filzreste.
Zunächst schneiden die Kinder aus den Filz- oder Lederresten die Fransen zurecht, die später an den Seiten und am Bund des Kleides angenäht werden. Dieser Vorgang lässt sich vereinfachen, indem die Fransen in etwa 10 Zentimeter breite Stücke eingeschnitten werden. Achten Sie darauf, dass ein mindestens zwei Finger breiter Rand zum Aufnähen der Borte bleibt. Dann bemalen Sie die T-Shirts gemeinsamen mit den Kindern. Zeichnen Sie am oberen Rand und auf den Ärmeln indianische Muster vor. Zum Schluss fädeln die Kinder kurze Perlenketten auf, die sie mit Ihnen gleichmäßig auf dem T-Shirt verteilt aufnähen.

Jacke

- Sie benötigen zwei große Stücke Kunstleder oder beigefarbenen Stoff

Beinkleider

- Indianer steckten ihre Beine in lange Röhren, die aus mehreren Stücken Fell zusammengenäht waren. Sie benötigen:
  - zwei Stücke Kunstleder oder beigefarbenen Stoff (60 x 60 Zentimeter)
  - zwei Lederstreifen (3 x 30 Zentimeter)
  - einen langen Lederstreifen für den Gürtel (10 Zentimeter breit)
  - zwei dünne Schnüre (1 Meter lang)

Zeichnen Sie zunächst auf eines der großen Lederstücke ein Trapez, das oben 60 Zentimeter und unten 30 Zentimeter breit ist. Schneiden Sie diese Form aus. Die schrägen Kanten versehen Sie mit ein paar kleinen Löchern, durch die später eine Schnur gefädelt wird.

Nun machen Sie die „Halterung“ für die Hosenbeine. Nähen Sie einen der 30 Zentimeter langen Lederstreifen an der breiten Kante des Trapezes fest. Nehmen Sie das Ganze und legen Sie es um das Bein eines Kindes. Die breitere Seite umschließt dabei den Oberschenkel, der Schlitz sitzt hinten. Jetzt müssen Sie die Lederschnur durch die gebohrten Löcher ziehen und das Hosenbein zuschnüren.

Dann binden Sie den Gürtel um die Taille, nehmen das Lederband, das an dem Hosenbein hängt, und knoten es an den Gürtel.

Das zweite Hosenbein wird gegengleich genäht und geschnürt. Sollte die Hose zu lang sein, schneiden Sie die Hosenbeine unten ab!

Bunte Perlenwebereien

- Sie benötigen aus dem Bastel- oder Handarbeitsladen:
  - matte Rocailles-Perlen in bunten Indianer-Farben
  - 4-fach-Baumwollgarn und Nylonfaden (0,3 Millimeter)
  - dünne Nadeln oder Perlenwebnadeln
  - Sticknadel, Lederschnur
  - Waschleder oder Wildlederreste
  - bunte Holzperlen
  - kleine Federn
  - Holzreste

Außerdem brauchen Sie Rechenpapier, bunte Filzstifte, Bastelscheren, eine Lochzange, Nägel (2 bis 3 Zentimeter lang) und einen Hammer.
Zeichnen Sie ein Muster auf das Rechenpapier, indem Sie für jede Perle ein Kästchen in der jeweiligen Farbe ausmalen. Typische Motive sind einfache Zick-Zack- oder Rauten-Muster.
Nehmen Sie ein längliches Holzstück und schlagen Sie die Nägel an beiden Enden im Abstand von 0,5 Zentimeter ein, sodass diese noch ein ganzes Stück herausschauen.
Spannen Sie das Baumwollgarn zwischen den Nägeln hin und her. Ziehen Sie den Faden dabei fest an. Verknoten Sie den Anfang und das Ende gut. Das sind die Kettfäden.
Nehmen Sie nun ein längeres Stück Nylonfaden und knoten Sie es am äußeren Kettfaden fest. Das ist der so genannte Schussfaden, mit dem Sie weben. Das andere Ende ziehen Sie durch eine dünne Nadel, auf die entsprechend Ihren Aufzeichnungen die Perlen aufgefädelt werden.
Die Perlen legen Sie von links nach rechts unter die Kettfäden. Dabei kommt jeweils eine Perle zwischen zwei Fäden. Nun ziehen Sie den Faden von der anderen Richtung oberhalb der Kettfäden durch die Perlen.
Drücken Sie die Perlen mit der Hand nach oben, damit die Reihen später eng zusammenliegen. Zum Schluss fädeln Sie den Schussfaden noch einmal einige Perlenreihen zurück. So erhält er seine Festigkeit.
Die gewebten Perlenstücke können Sie zu Arm-, Stirn- und Halsbändern weiterverarbeiten. Dazu schneiden Sie aus den Lederresten entsprechend große Streifen zurecht und nähen Sie die Perlenmotive mit lockeren Stichen vorsichtig auf.

Schmuckbeutel

■ Schneiden Sie einen Stoff- oder Lederrest so zurecht, dass der Durchmesser etwa 15 Zentimeter misst. Ziehen Sie mit einer Nadel zwei Schnüre jeweils von einer Seite durch den Rand. Lassen Sie auf der jeweils gegenüberliegenden Seite eine Schlaufe stehen. Sie brauchen dann nur an den Schlaufen zu ziehen und haben einen schönes kleines Säckchen.
In diesem Säckchen sammeln die Kinder verschiedene Naturschätze, die sie bei ihren Ausflügen in die Natur entdecken und mitnehmen wollen.
Variation: Wenn die Kinder ihren Beutel aus Leder anfertigen und mit Perlen verzieren, können sie ihn als Medizinbeutel nutzen. In einem Medizinbeutel bewahren Indianer heilige Dinge und Glücksbringer auf. Sicher haben auch die Kinder besondere Schätze, die sie darin aufbewahren wollen.

Indianerketten

■ Aus Naturmaterialien lassen sich Indianerketten besonders einfach herstellen. Bevor Sie beginnen, sollten Sie einige Holzkistchen oder Pappkartons als Sammelkasten für die Bastelutensilien umgestalten. Unterteilen Sie die Kästchen mit stabilen Pappstreifen, die Sie jeweils zur Hälfte einschneiden und dann ineinander stecken. So entstehen viele kleine Fächer zur Aufbewahrung der gesammelten Korken, Federn, Beeren, Rindenstückchen, Ahornsamen, Eicheln und Hagebutten, der Apfel-, Kürbis-, Melonen- und Sonnenblumenkerne, der Schneckenhäuser und Muscheln. Weiterhin benötigen Sie Lederschnüre, Perlonfäden, Handbohrer, Nadeln und Messer. Schneiden Sie zunächst die Korken in Scheiben. Bohren Sie dann in diese Scheiben und die anderen Naturmaterialien jeweils ein Loch, damit die Materialien gut aufgefädelt werden können. Samen, Kerne und Ähnliches lassen sich am besten im frischen Zustand mit einer Nadel durchbohren. Sollten die Teile zu dick oder zu hart für eine Nadel sein, benutzen Sie einen kleinen Handbohrer.
Wenn das Material vorbereitet ist, können die Kinder ihre Ketten gestalten und die verschiedenen Materialien auf einem Perlonfaden oder einem Lederbändchen auffädeln.

Die Waffen der Indianer

Pfeil, Bogen, Köcher

■ Jedes Kind sucht sich einen biegsamen Weidenzweig, der ihm ungefähr bis zur Brust reicht. Schneiden Sie in das obere und untere Ende jeweils eine Kerbe, über die Sie eine Schnur spannen. Diese wird so zum anderen Ende gezogen, dass sich der Bogen biegt. Jetzt wird die Schnur mit einer Kerze gewachst und bemalt oder mit bunter Klebefolie verziert.
Die Pfeile stellen Sie mit den Kindern aus geraden Stöcken oder Holzleisten her. Dazu bringen Sie an einem Ende der Stöcke Federn an. Auf das andere Ende stecken Sie aus Sicherheitsgründen einen Korken, damit es nicht zu Verletzungen kommen kann.
Als Köcher eignet sich ein Kunststoff- oder Bambusrohr, durch das Sie ein Leder- oder Sisalband führen. So müssen Sie nicht extra Löcher in das Rohr bohren, um den Tragegurt zu befestigen. Das untere Ende des Rohrs wird mit einem Lederstück verschlossen, damit die Pfeile nicht aus dem Köcher fallen.
Tipp: Stellen Sie mit den Kindern gemeinsam Regeln für die Nutzung der Pfeile auf und vereinbaren Sie, dass mit den Pfeilen niemals auf Menschen oder Tiere gezielt werden darf.

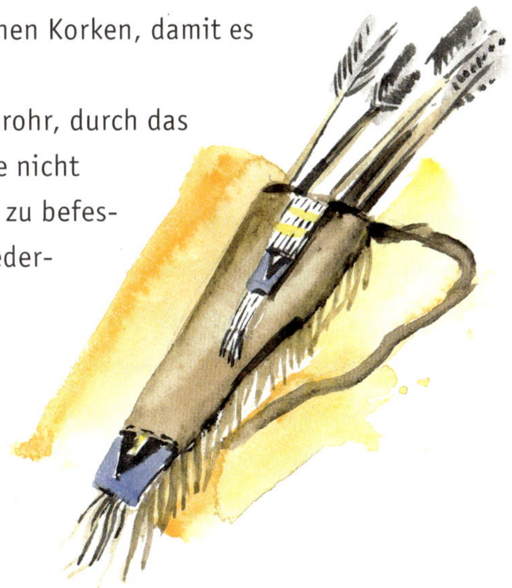

Das Messer

■ Nehmen Sie ein Stück Pappe und schneiden Sie daraus eine Klinge. Diese wird mit einem Band an ein Stück Holz festgebunden oder festgeklebt.

Wozu benutzten die Indianer ein Tomahawk?

Das Wort „Tomahawk" kommt aus der Sprache der Algonkin und bedeutet „Werkzeug zum Schneiden". Die ersten Tomahawks waren Steinkopfkeulen, bei denen ein kegelförmiger Stein in Leder eingebunden und an einem Schaft befestigt war. Den uns bekannten Eisen-Tomahawk, eine Stahlaxt, brachten erst die Europäer nach Amerika.
Der Tomahawk wurde häufig bei Zeremonien verwendet. So mussten die Häuptlinge der Algonkin bei Abschluss eines Friedensvertrages ihre Streitäxte (Kriegsbeile) begraben. Ein Tomahawk, das als Geschenk überreicht werden sollte, wurde mit Gold und Silber verziert. Andere Tomahawks, die ebenfalls nur bei besonderen Zeremonien zum Einsatz kamen, waren mit einer Tabakspfeife kombiniert. Der Tomahawk war also nicht nur eine Hieb- und Wurfwaffe, sondern besiegelte auch Kriegserklärungen ebenso wie Friedensverträge.

Tomahawk

■ Für einen Tomahawk benötigen Sie einen Pappbogen (30 x 15 Zentimeter), einen Ast, Schnur und Klebeband.
Lassen Sie die Kinder zunächst den Umriss eines Beils auf die Pappe zeichnen und diesen ausschneiden. Kerben Sie dann den Ast am oberen Ende ein und klemmen Sie das Beil in die Kerbe. Sie sollten es einkleben und zusätzlich mit Schnur umwickeln. Den Stiel darf jedes Kind nun nach seinen eigenen Vorstellungen verzieren.

Alles aus Mais

Zum Spielen und Basteln verwendeten Indianerkinder alle Materialien, die sie in ihrer natürlichen Umgebung fanden. Selbst aus getrockneten Maisblättern, einem Abfallprodukt, konnten sie viele Dinge basteln. Fragen Sie einen Bauern in Ihrer Nachbarschaft, ob Sie auf seinen Maisfeldern vertrocknete Kolben und Blätter sammeln dürfen. Anderenfalls können Sie diese auch in Bastelgeschäften erwerben.

Maisfiguren

■ Entfernen Sie zunächst die harten Strunkteile von den Maiskolben und wickeln Sie die Blätter in feuchte Tücher, damit sie biegsam werden und sich besser zu kleinen Figuren verarbeiten lassen. Zeigen Sie nun den Kindern, wie sie aus den Blättern kleine Püppchen und Tiere gestalten können:
Rollen Sie für die Arme eines Püppchens ein Maisblatt längs auf. Binden Sie dann an den Enden die Hände mit einem Faden ab. Für den Körper knicken Sie ein langes Blatt in der Mitte um. Zwei oder drei Zentimeter unterhalb des Knicks binden Sie den Kopf ab. Nun schieben Sie die Arme quer zwischen das gefaltete Blatt und binden unterhalb der Arme die Taille ab. Jetzt zupfen Sie die unteren beiden Blattenden auseinander, sodass ein Rock entsteht. Zum Schluss schneiden Sie noch den Rocksaum gerade, zeichnen Augen und Mund mit einem Filzstift ins Gesicht und binden dem Püppchen noch ein Kopftüchlein um.

Maisbüschel

■ Ziehen Sie die Blätter rund um die Maiskolben vorsichtig nach unten. Entfernen Sie den Kolben und binden Sie mehrere Blätter zusammen. Fertig ist ein sehr schöner Zimmerschmuck.
Variation: Wenn die Kinder Spaß daran haben, können sie diese Büschel mit Perlen verzieren oder farbig gestalten.

Wenn alle Indianer jetzt reiten

Text: Rolf Krenze / Musik: Stephen Janetzko
In: „Das große Buch von den kleinen Indianern" von Rolf Krenze und Stephen Janetzko; CD und MC „Lieder und Geschichten von den kleinen Indianern". Verlag Heinrich Ellermann. Hamburg.

1. Wenn alle Indianer jetzt reiten, jetzt reiten,
dann reiten die Indianer alle so.

Refrain
Yippi-Yippi-Yo, Yippi-Yippi-Yo.
Und dann sind die Indianer alle froh.

2. Wenn alle Indianer jetzt schleichen, jetzt schleichen,
dann schleichen die Indianer alle so.
Refrain

3. Wenn alle Indianer das Lasso jetzt schwingen,
dann schwingen die Indianer alle so.
Refrain

4. Wenn alle Indianer jetzt tanzen, jetzt tanzen,
dann tanzen die Indianer alle so.
Refrain

5. Wenn alle Indianer jetzt stampfen, jetzt stampfen,
dann stampfen die Indianer alle so.
Refrain

6. Wenn alle Indianer jetzt gähnen, jetzt gähnen,
dann gähnen die Indianer alle so.
Refrain

7. Wenn alle Indianer dann schlafen, dann schlafen,
dann schlafen die Indianer alle so.
Chrchr-Chrchr - oh, Chrchr-Chrchr - oh!
Und dann sind die Indianer alle froh.

Wir sind die Kinder der Sonne

Quelle: www.naturkindergarten.org/archiv/ind_2t.html

1. Ein Indianer liebt Sonne und Mond
und sein Land, das er gerne bewohnt,
achtet die Schätze des Lebens. Oheio!

2. Er schaut nach vorne und nicht zurück,
denn im Morgen, da liegt das Glück.
So ist jeder Tag gut. Oheio!

3. Unsere Sprache ist nicht so schwer.
Schaut auf die Hände zu uns nur her:
„Ich bin dein Freund, komm in Frieden." Oheio!

4. Um die Natur besser zu verstehn,
braucht man viel Zeit zum Verweilen und Sehn.
So nur werden wir reich. Oheio!

5. Der Büffel half uns zu überleben.
Er hat uns Blut, Haut und Fleisch gegeben.
Alles wird verwertet. Oheio!

6. Ein Medizinmann, „wicasa wakan",
lauscht gern den Stimmen der „wama kaskan".
Er wird einer von ihnen. Oheio!

7. Das Trommelspiel ist unser Ventil.
Es kann erzählen von allem sehr viel
und von uralten Zeiten. Oheio!

■ ***Spielidee:*** Dieses Lied eignet sich gut zum gemeinsamen Singen am Lagerfeuer. Die Kinder können mit Trommeln das Lied begleiten und sich zum Text bewegen.

Mitmachgeschichte

Als die Indianer Wildpferde einfingen

■ Erzählen Sie den Kinder diese Mitmach-Geschichte. Geben Sie jedem Kind vor Beginn eine Rolle als Indianerhäuptling, Späher, Jäger, Spurenleser oder Pferd. Lassen Sie die Kinder überlegen, wie sie sich bewegen sollen, um die einzelnen Rollen darzustellen.

Der Häuptling gibt seine Anweisungen per Handzeichen, damit jeder weiß, was er zu tun hat. Die Späher halten ihre Handkante an die Augenbrauen, um sich vor der Sonne zu schützen und schauen aufmerksam in alle Richtungen. Die Spurenleser begutachten den Boden, um Spuren der Pferde zu entdecken. Die Pferde grasen. Wenn sie Indianer bemerken, galoppieren sie davon.

Tipp: Achten Sie beim Erzählen auf angemessene Pausen, damit die Kinder ihre Rolle ausreichend spielen können.

Die Indianer sitzen im Kreis um ein Lagerfeuer. Sie haben eine große Besprechung. In der Nähe des Dorfes wurden Wildpferde gesichtet, also Pferde, die in der freien Natur leben und niemandem gehören. Weil sie neue Reitpferde benötigen, beschließen sie einige zu fangen und später zu zähmen. Jeder weiß, was er zu tun hat, und so ziehen sie los. Sie folgen ihrem Häuptling, der wie immer vorangeht. Nach kurzer Zeit befiehlt der Häuptling den Spähern nach den Pferden Ausschau zu halten. Sie schauen in alle Richtungen, können aber keine Pferde entdecken und schütteln den Kopf. Nun befiehlt der Häuptling den Spurenlesern, die Fährten der Tiere zu suchen. Sie machen sich an die Arbeit und blicken suchend auf den Boden, während sie weitergehen. Der Häuptling und die anderen folgen ihnen. Aber weit und breit finden sie nichts. Da kommen die Spurensucher auf die Idee, sich auf den Boden zu legen, um vielleicht Hufgetrappel der Tiere zu hören. Und siehe da, sie haben Glück. Sie stehen auf und zeigen freudig in die Richtung, in der sie die Pferde vermuten. Die Späher halten erneut Ausschau. Dieses Mal sehen sie die Wildpferde. Sie grasen.

Alle Indianer verhalten sich ganz leise. Sie wollen auf keinen Fall, dass die Tiere sie bemerken und flüchten. Vorsichtig schleichen sie sich auf Zehenspitzen heran. Sie bewegen sich ganz langsam. Kein Mucks ist zu hören. Jetzt sind sie ganz in der Nähe. Der Häuptling befiehlt allen, sich auf den Boden zu legen. Das tun sie. Lautlos robben sie weiter zu den Pferden. Diese schauen ab und zu in die Richtung der Indianer. Sie sehen aber nichts und grasen unbekümmert weiter.

Die Indianer sind nun fast bei den Pferden. Der Häuptling gibt ein Handzeichen und wie der Blitz springen alle Indianer auf, laufen zu den Tieren und umzingeln diese. Die Pferde sind von dem Angriff total überrascht, wiehern entsetzt und versuchen wegzulaufen. Schnell ziehen die Indianer ihren Kreis immer enger und wirbeln ihre Lassos. Die Wildpferde haben keine Chance. Jeder Indianer fängt ein Pferd ein. Die Pferde versuchen sich zu befreien. Doch die Indianer sind stärker. Stolz führen sie ihre Pferde ins Dorf. Sie binden sie an einem Baum fest. Nun merken die Indianer, wie müde sie sind. Sie legen sich hin und schlafen.

Rund ums Trommeln

Herstellen einer Indianertrommel

■ Fertigen Sie mit den Kindern eine Trommel an, die Sie auch gut für die folgenden Spiele einsetzen können. Sie benötigen eine Plastikschüssel oder einen Blumentopf und ein Stück Fensterleder. Das Leder muss so groß sein, dass es das Gefäß an allen Seiten überlappt. Des Weiteren brauchen Sie feste Schnüre, Kochlöffel und eine Schere.

Legen Sie als erstes das Fensterleder in kaltes Wasser. Achten Sie darauf, dass es ganz nass ist. Wringen Sie es danach gut aus.

Nehmen Sie nun das Gefäß und beziehen Sie es straff mit dem Leder. Bohren Sie an den Seiten des Leders mit einer Schere in gleichmäßigen Abständen vorsichtig acht Lochpaare. Fädeln Sie durch diese Löcher die Schnüre und ziehen Sie diese fest nach unten. Achten Sie darauf, dass das Fensterleder gut gespannt ist. Zum Schluss knoten Sie die Schnüre zusammen.

Tipp: Das Leder sitzt noch straffer, wenn Sie jeweils zwei Schnüre an der Seite zusammenbinden.

Trommeltanz

■ Ein Kind schlägt eine Trommel. Die anderen Kinder bewegen sich im Takt dazu. Danach darf ein anderes Kind die Trommel schlagen. Ermuntern Sie die Kinder, sich viele neue Takte einfallen zu lassen, damit sie sich wie die „Indianer" immer anders um das Feuer bewegen können. Wird die Trommel leise gestreichelt, schleichen die Indianer langsam um das Feuer. Wird die Trommel schnell geschlagen, bewegen sie sich wild tanzend um das Feuer.

Prärie oder Tipi?

■ Die Kinder bauen mit Stühlen, Tischen, Bettlaken und Decken mehrere Indianerzelte auf. Der Rhythmus, den Sie auf einer Trommel schlagen, bestimmt den Spielablauf und die Bewegungen der Kinder. Schneller Rhythmus heißt, dass die Indianer schnell durch die Prärie reiten. Langsamer Rhythmus bedeutet, dass sie sofort die Schnelligkeit stoppen und in ihre Tipis kriechen.

Das kalte und das warme Tipi

■ Bauen Sie mit Decken zwei Tipis auf. Ein Tipi hat eine dunkle Plane (blau oder grau), das andere bekommt eine helle Plane (rot oder gelb). Das dunkle Tipi steht für kalt, das helle für warm. Wählen Sie zwei verschiedene Instrumente aus. Eines soll einen kalten Klang haben und wie eine leere Blechdose klingen. Das andere hat einen warmen Klang wie ein Xylophon. Schlagen Sie mit einer Trommel den Takt, an dem sich die Kinder beim Herumlaufen orientieren müssen. Nun heißt es wieder gut hinhören, um ins richtige Tipi zu kriechen.
Tipp: Um das Spiel spannender zu gestalten, spielen Sie es mit Ausscheiden. Wer als letzter den Weg ins richtige Zelt findet, scheidet aus.

Tipi, Büffel, Pferd, Feuer, Wasser

■ Die Kinder laufen im Takt der Trommel durcheinander oder im Kreis herum. Zwischendurch stoppen Sie das Trommeln und rufen einen Begriff, den die Kinder so schnell wie möglich darstellen müssen. Wer als letzter der Anweisung nachkommt, scheidet aus.

Tipi: Zwei Kinder finden sich zusammen, fassen sich an die Hände und strecken ihre Arme gemeinsam weit nach oben.

Büffel: Die Kinder laufen auf allen vieren.

Pferd: Alle bewegen sich hopsend durch den Raum.

Feuer: Legen Sie ein rotes Tuch auf den Boden. Dies ist das Lagerfeuer, um das sich alle setzen.

Wasser: Legen Sie eine blaue Matte auf den Boden. Dorthin rennen die Kinder, sobald Sie „Wasser“ rufen.

Tänze um das Feuer

Im indianischen Medizinrad glüht im Innersten von Mutter Erde das Element Feuer. Seinem Wesen nach ist es ähnlich wie das Licht von Vater Sonne. Ohne diesen glühenden Kern, ohne dieses inneres Licht wäre auf der Erde kein Leben möglich. Im täglichen Leben der Indianer schützte das Feuer vor Kälte und hielt hungrige Tiere vom Lager fern, war es Kochstelle und Versammlungsort.

Lagerfeuer ohne Flammen

■ Geben Sie den Kindern rote, gelbe und orange Tücher. Sie stellen sich vor, sie haben Holz für das nächtliche Lagerfeuer gesammelt und legen es nun in die Mitte des Raumes. Die Matten sollen wie beim echten Lagerfeuer kreisförmig angeordnet und so gerafft werden, dass sie Flammen ähneln. Damit sich beim Tanzen niemand verletzen kann, legen die Kinder Steine als Begrenzung um die Feuerstelle.

Feuertanz

■ Bevor der Tanz losgehen kann, brauchen Sie die passende Musik. Sie können sich in der örtlichen Bibliothek eine Musik-CD mit indianischen Klängen ausleihen, die Trommel schlagen oder mit den Kindern ein Lied einüben, das sie beim Tanz um das Feuer singen.

Sind alle Vorbereitungen getroffen, versammeln sich alle um das Lagerfeuer. Sobald die ersten Takte erklingen, tanzen die Kinder nach Lust und Laune um das Feuer herum.

Variationen: Die Kinder denken sich passende Bewegungen zu der Musik aus, die sie gemeinsam vollführen. Der ausgedachte Tanz eignet sich gut als Vorführung bei einem Fest.

Lagerfeuer draußen

■ Auf die meisten Kinder hat Feuer eine intensive Anziehungskraft. Echte Lagerfeuer sind deshalb fast immer ein unvergessliches Erlebnis. Um Verletzungen oder Unfälle auszuschließen, müssen die Kinder immer genug Abstand zum Feuer einhalten. Dies ist besonders wichtig, wenn Sie mit den Kindern um das Feuer tanzen wollen. Für diesen Anlass bauen Sie das Feuer am besten in einer feuerfesten Form auf, wie zum Beispiel in einer große Metallwanne. Erkundigen Sie sich bei Ihrer zuständigen Feuerwehr, welche Sicherheitsvorschriften Sie einhalten müssen und sollten.

Federtanz

■ Alle Kinder stellen sich vor, Mitglieder eines Indianerstammes zu sein. Treffen Sie alle Vorbereitungen wie beim Feuertanz. Dann geben Sie einem Kind eine Feder. Dieses Kind darf nun vormachen, wie sich alle gemeinsam bei der nächsten Runde um das Feuer bewegen müssen. Nach dem Tanz übergibt es die Feder dem nächsten Kind, das sich nun eine neue Tanzbewegung überlegen darf. So geht es weiter, bis alle Kinder einmal im Besitz der Feder waren.

Fantasiereise - Ein Besuch bei den Indianern

■ Wählen Sie für die Traumreise einen Raum aus, in dem die Kinder nicht durch äußere Einflüsse gestört werden. Legen Sie genügend Decken oder Matten aus, auf die sich die Kinder bequem hinlegen können. Fordern Sie die Kinder auf, ihre Augen zu schließen. Schalten Sie dann eine ruhige Hintergrundmusik ein. Wählen Sie möglichst eine indianische Musik aus, deren Klänge die Kinder sanft ins Land der Indianer gleiten lassen. Während die Kinder zur Ruhe kommen, erklären Sie kurz den Ablauf der Traumreise. So können sie sich innerlich auf die Hintergrundmusik und die Entspannungszeit, in der nicht vorgelesen wird, einstellen. Am Ende der Traumreise haben die Kinder drei Minuten Zeit, sich selbst noch einmal im Land der Indianer umzusehen. Unmittelbar im Anschluss an die Traumreise sollten Sie den Kindern die Möglichkeit geben, ihre Gefühle und Eindrücke zu verarbeiten. Eine gute Form stellt das Malen dar. Lassen Sie dabei wieder die Entspannungsmusik laufen. Die Kinder können (dabei) auch von ihren Gefühlen und Erlebnissen berichten.

Hilfen zum Erzählen der Geschichte: Sprechen Sie ruhig und deutlich. Machen Sie nach jedem Satz eine kurze Pause, damit die Kinder sich auf die Worte einlassen können.

Schließt eure Augen. Konzentriert euch ganz auf euren Atem. Atmet leicht ein und aus. Ein ... und ... aus ... Euer Körper entspannt sich immer mehr. Stellt euch jetzt vor, ihr geht zum Fenster. Dort seht ihr einen riesigen Vogel. Ein Adler! Mit seinem großen Schnabel tickt er an die Scheibe. Seine dunklen Augen schauen euch dabei aufmerksam an. Ihr öffnet das Fenster. Merkwürdigerweise könnt ihr die Gedanken des Adlers lesen. Ihr sollt auf seinem Rücken Platz nehmen. Vorsichtig klettert ihr aus dem Fenster und krabbelt auf seinen Rücken. Der Adler ist so groß, dass ihr euch bequem hinsetzen könnt. Sein Federkleid ist kuschelig weich. Es ist ein schönes Gefühl. Ihr fühlt euch wohl und habt keine Angst, als sich der große Vogel mit seinen mächtigen Flügeln hoch in die Lüfte erhebt. Ihr spürt die Luft. Sie ist mal kalt, mal warm. Ihr genießt den Flug. Die Landschaften und Autos unter euch sehen wie Spielzeuge aus. Ihr fliegt mit dem Adler über Felder und Wiesen, vorbei an Wäldern und Städten und übers Meer. Ihr fühlt euch sicher und geborgen. Nach einer langen Flugzeit landet der Adler in einem Land, das ihr noch nie gesehen habt. Kein einziges Auto gibt es hier. Auch kein einziges Haus. Weit und breit nichts als die reine Natur. Ihr schaut euch um. Ihr seht Hügel und Täler. Sie sind bedeckt mit vielen verschiedenen Gräsern und bunten Wildblumen. Ihr seid in der Prärie. In der Ferne erkennt ihr eine große Bisonherde, die friedlich grast. Nun spürt ihr auch den warmen Wind, der euch schon die ganze Zeit umweht. Der Adler hat sich wieder in die Lüfte erhoben und kreist dort in majestätischer Höhe. Während ihr nach oben schaut, tritt plötzlich jemand neben euch. Es ist ein Kind, das genauso groß ist wie ihr. Allerdings sieht es ganz anders aus. Das Kind hat eine dunkle Haut und lange schwarze Haare, die zum Zopf zusammengebunden sind. Seine Kleidung ist aus Wildleder. An den Füßen trägt es braune Mokassins, aber keine Strümpfe. Das Kind lächelt euch an und stellt sich vor. Kleine Adlerfeder heißt es und stammt aus dem Indianerstamm der Cheyenne. Merkwürdigerweise versteht ihr seine Sprache. Kleine Adlerfeder nimmt euch an die Hand und führt euch zu seinem Indianerdorf. Dort gibt es keine Häuser, aber viele Tipis. Überall seht ihr Männer, Frauen und Kinder. Sie sitzen zusammen, erzählen sich Geschichten und lachen viel. Einige Frauen bereiten das Essen vor und kochen über einem offenen Feuer. Die Männer schnitzen Pfeile für die Jagd und spannen ihre Bogen. Die Kinder spielen im Sand. Es gefällt euch hier bei den Indianern. Ihr mögt die Menschen, die euch freundlich anlächeln und zunicken. Ihr fühlt euch wohl.

Kleine Adlerfeder hat eine Überraschung für euch. Ihr seid eingeladen und dürft am Indianerleben teilnehmen. Ihr könnt euch aussuchen, ob ihr mit Kleiner Adlerfeder im Indianerdorf bleiben möchtet, um dort mit den anderen am Lagerfeuer zu sitzen, den Indianerfrauen beim Kochen zu helfen oder mit den Kindern zu spielen. Ihr könnt aber auch mit Kleiner Adlerfeder die Männer auf die Bisonjagd begleiten oder auf einem Pony durch die Prärie reiten. Ihr müsst euch nur entscheiden. Egal, wofür ihr euch entscheidet, schaut euch alles genau an und genießt euer Abenteuer mit Kleiner Adlerfeder. Ihr habt jetzt drei Minuten Zeit.

(Nach drei Minuten) Jetzt ist es an der Zeit, euch von Kleiner Adlerfeder zu verabschieden und wieder hierher zurückzukehren. Ihr könnt euch ganz genau an euer Abenteuer erinnern. Ich werde jetzt bis zehn zählen. Wenn ich bei sechs angelangt bin, könnt ihr mitzählen. Bei zehn öffnet ihr die Augen. Ihr werdet euch dann hellwach und erfrischt fühlen. Eins ... zwei ... drei ...

Tipp: Die Bedeutung des Adlers ist im Aktionsteil „Forschen und Entdecken" näher beschrieben (siehe Seite 16).

Wahrnehmungsspiele

Ein guter Jäger braucht flinke Augen und scharfe Ohren. Außerdem muss er sich lautlos bewegen können. Indianer waren manchmal sogar nachts oder vor Sonnenaufgang in ihrem Jagdgebiet unterwegs. Da mussten sie besonders wachsam und aufmerksam sein.

Häuptling Offenes Ohr

■ Wählen Sie ein Kind aus, das den Häuptling spielen darf und verbinden Sie ihm die Augen. Das Kind setzt sich dann wie ein Häuptling mit gespreizten Beinen auf den Boden. Stellen Sie zwei Dosen zwischen seine Beine. In eine Dose legen Sie einen Stein. Einen zweiten Stein legen Sie auf die andere Dose und einen dritten Stein neben die beiden Dosen.
Die anderen Kinder versuchen nun nacheinander die drei Steine unbemerkt wegzunehmen. Der Häuptling hat aber nur fünf Versuche, um den Dieb zu packen. Damit alle Kinder ihr Glück beim Entwenden der Steine versuchen können, hat jeder Dieb nur eine Minute Zeit.

Der leiseste Indianer

■ Bei diesem spannenden Spiel müssen die Kinder ganz leise sein und sich lautlos bewegen. Wer das am besten schafft, wird zum leisesten Indianer gekürt. Erzählen Sie den Kindern, dass schon die kleinen Indianerkinder lernen mussten, ganz leise zu sein. Das war wichtig, damit sie später bei der Jagd Beute machen konnten. Manchmal mussten sie auch ganz leise sein, damit sie von Feinden nicht entdeckt werden konnten.
Fordern Sie die Kinder auf, ganz still zu sein. Nehmen Sie eine leere Konservendose und legen Sie eine einfache Glasmurmel hinein. Die Kinder sitzen im Kreis und reichen die Dose wortlos reihum. Wichtig ist dabei, dass die Murmel nicht zu hören ist. Sie darf sich also nicht bewegen. Während des Spiels muss die Dose senkrecht gehalten werden. Das Kind, bei dem sich die Murmel bewegt, scheidet aus. Wer als letzter übrig bleibt, ist der leiseste Indianer.

Auf leisen Sohlen

■ Verbinden Sie einem Kind die Augen und legen Sie in seinem direkten Umkreis viele Gegenstände aus. Auf Ihr Zeichen haben die anderen Kinder nun zwei Minuten Zeit, um die Gegenstände wegzunehmen. Sie müssen allerdings aufpassen, dass sie dabei nicht von dem Kind mit den verbundenen Augen erwischt werden. Wer erwischt wird, muss ausscheiden und seine erbeuteten Gegenstände wieder zurücklegen.

Spurensuche

Spuren im Sand

■ Finden Sie gemeinsam mit den Kindern heraus, welches Kind wie ein Indianer Spurenlesen kann. Wer möchte, kann sein Talent in einem kleinen Test unter Beweis stellen. Verbinden Sie dem Spurenleser seine Augen. Alle anderen Kinder sitzen im Kreis. In der Mitte ist eine glatt gestrichene Sandfläche. Wählen Sie ein Kind aus, das barfuß über den Sand laufen und eine Spur hinterlassen darf. Bevor es sich wieder zu den anderen Kindern setzt, entfernt es den Sand von seinen Füßen, damit es sich nicht verrät. Findet der Spurensucher das Kind, dem die Fußspuren gehören?

Spuren im Schlamm

■ Die Kinder stellen sich vor einer matschigen Fläche auf. Dann drehen sie sich um, schließen die Augen und halten ihre Ohren zu. Tippen Sie einem Kind auf die Schulter. Dieses betritt nun kurz die Matschfläche und hinterlässt einen Fußabdruck. Wenn das Kind seinen Fuß gesäubert und seinen alten Platz eingenommen hat, dürfen sich alle wieder umdrehen und ihre Augen und Ohren öffnen. Sie müssen herausfinden, wer den Abdruck hinterlassen hat. Auch das Kind, das den Abdruck hinterlassen hat, hilft bei der Spurensuche, um nicht entdeckt zu werden.

Fährten und Spuren im Wald

■ Legen Sie in einem überschaubaren Waldstück verschiedene Spuren, Fährten und Zeichen aus. Bauen Sie einen Blätterberg, legen Sie einen Kreis aus Steinen, verteilen Sie einige Federn im Gestrüpp, stapeln Sie Äste übereinander. Sagen Sie den Kindern, welche Spuren und Hinweise Sie gelegt haben. Finden die Kinder alles?

Tipp: Um den Kindern die Suche zu erleichtern, zeichnen Sie eine Karte vom Gelände mit Hinweisen auf die Spuren. Diese Karte dürfen sie auf die Suche mitnehmen.

Späher

■ Diese Aktion bedarf einer kleinen Vorbereitung, bei der die Kinder nicht zuschauen dürfen.

Nehmen Sie Gegenstände, beispielsweise farbige Federn, bunte Perlenwebereien, Muscheln und aufgemalte Indianerzeichen. Befestigen Sie diese an einer Wand oder an einem Baum. Anschließend dürfen sich die Kinder in einer Entfernung von 20 Metern nebeneinander aufstellen. Sie müssen versuchen, die Sachen zu erkennen. Wer ist der beste Späher?

Schau genau

■ Die Kinder sammeln 16 verschiedene Steine im Gelände oder im Wald. Diese legen sie in Viererreihen aus, sodass ein Quadrat entsteht. Ein Kind betrachtet die Anordnung der Steine ganz genau und schließt danach die Augen. Schnell werden zwei Steine vertauscht. Dann darf das Kind seine Augen wieder öffnen. Entdeckt es die vertauschten Steine?

Pferdejagd im Dunkeln

■ Alle Kinder sitzen im Kreis. Wählen Sie zwei Kinder aus, die sich in den Kreis stellen sollen. Ein Kind ist das Pferd, das andere ein Indianer. Verbinden Sie dem Indianer die Augen und geben Sie dem Pferd eine Rassel oder ein Glöckchen. Der Indianer muss nun im Dunkeln sein Pferd wiederfinden. Das Pferd darf im Kreis hin- und herlaufen, muss aber mit der Rassel die ganze Zeit Geräusche machen.

Blinder Indianer

■ Wählen Sie einen Häuptling. Dieser lässt sich mit verbundenen Augen an einem bestimmten Punkt des Spielfeldes nieder. Die anderen Kinder sind Indianer, die in etwa 10 Meter Entfernung warten. Sie müssen sich geräuschlos anschleichen.
Der Häuptling muss sehr aufmerksam sein, damit er die Anschleicher bemerkt. Gelingt es ihm, deutet er in die entsprechende Richtung. Der ertappte Indianer muss wieder zu seinem Ausgangspunkt zurück und einen neuen Versuch starten.
Der Indianer, der den Häuptling unbemerkt erreicht, übernimmt in der neuen Runde seine Rolle.

Wer kann sich am besten orientieren?

■ Indianer haben einen sehr guten Orientierungssinn. Bei diesem Spiel testen die Kinder, wie gut sie sich orientieren können. Markieren Sie mit Kreide oder Wolle einen Kreis auf dem Boden. Der Durchmesser sollte etwa drei Meter betragen. Ein Kind stellt sich in einiger Entfernung außerhalb des Kreises auf. Mit verbundenen Augen muss es den Weg in den Kreis finden. Wer schafft das?

Wurf- und Geschicklichkeitsspiele

Bei fast allen Indianern Nordamerikas waren Murmel- und Versteckspiele, Ball- und Wurfspiele sowie Wettkämpfe mit Pfeil und Bogen sehr beliebt.

Wettkampf mit Tennisbällen

■ In der ursprünglichen Form schossen die Indianer Nordamerikas Pfeile in die Luft. Sie wetteiferten darum, wer die meisten Pfeile in die Luft schießen konnte, bevor der erste Pfeil wieder landete.
Verwenden Sie statt der Pfeile Tennisbälle. Jeder Werfer erhält acht Bälle. Einen hält er in der Wurfhand, die übrigen liegen auf dem Boden. Nun muss jeder so viele Bälle wie möglich in die Luft werfen, bevor der erste wieder den Boden berührt. Gewonnen hat das Kind, das die meisten Bälle geworfen hat.

Indianerkunst

■ Dieses Spiel eignet sich auch immer gut für ein Fest. Sie benötigen dafür mindestens zwei gleich lange Schnüre und viele gleich große Perlen. Die Kinder müssen nun binnen zwei Minuten möglichst viele Perlen auffädeln. Wer hat die meisten Perlen aufgefädelt?
Tipp: Nachdem die Kinder etwas Übung haben, steigern Sie den Schwierigkeitsgrad. Jedes Kind erhält 20 Perlen, die möglichst schnell aufgefädelt werden müssen. Wer ist am schnellsten?

Cocoyocpatolli

■ Dieses Murmelspiel stammt aus der Gegend des heutigen Mexiko und war bei den Azteken sehr beliebt. Die Azteken gibt es heute nicht mehr, aber die mexikanischen Kinder spielen noch immer Cocoyocpatolli, auch wenn der Name sehr schwierig auszusprechen ist.
Cocoyocpatolli wird im Freien gespielt. Graben Sie eine kleine Mulde. Einige Meter entfernt zeichnen Sie mit einem Stock eine Wurflinie auf. Von hier aus müssen die Kinder eine Murmel in das Loch werfen. Die Kinder der Azteken besaßen noch keine Glaskugeln, daher spielten sie mit Steinchen, Bohnen oder Maiskörnern. Das Kind, das als erstes die Mulde trifft, darf alle auf das Spielfeld geworfenen Murmeln behalten.

Die Jagd

■ Malen Sie mit den Kindern die Umrisse eines Bisons auf eine große Pappe. Damit der Bison möglichst echt aussieht, wollen die Kinder ihn vielleicht sogar farbig bemalen. Hängen Sie den Bison anschließend auf und begeben Sie sich mit den Kindern auf die Jagd. Doch statt mit Speeren sind die Kinder mit Bällen ausgestattet. Damit müssen sie den Bison aus etwa fünf Meter Entfernung treffen.

Stöckchenwerfen

■ Legen Sie ein Seil kreisförmig auf den Boden. Alle Kinder stellen sich im gleichen Abstand um den Kreis. Nachdem jedes ein kleines Stöckchen erhalten hat, drehen sich alle mit dem Rücken zum Kreis. Nacheinander werfen die Kinder ihre Stöcke über ihre Schulter nach hinten. Wer trifft den Kreis?

Zwei Klapperschlangen

■ Wählen Sie zwei Kinder aus. Sie sind Klapperschlangen, die sich gegenseitig suchen müssen. Binden Sie jeder Schlange ein Seil um den Fußknöchel und befestigen Sie daran eine Dose. Danach verbinden Sie ihnen die Augen, stellen sie einige Meter voneinander entfernt auf und drehen sie einige Male im Kreis. Wenn die beiden Klapperschlangen nun zueinander finden wollen, müssen sie auf das Klappern der andern hören. Allerdings wird das nicht so leicht sein. Die anderen Kinder machen nämlich auch Krach, um die Schlangen zu verwirren.

Klapperschlange

■ Bei diesem Spiel kommt es auf Geschicklichkeit und Gehör an. Etwa sieben Kinder können jeweils mitspielen. Fertigen Sie zu Beginn einen „Fangzahn" vor. Das kann eine Papprolle sein, an der eine Schnur mit einem Softball befestigt wird. Wählen Sie ein Kind aus, das die Klapperschlange spielt. Es setzt sich mit verbundenen Augen und überkreuzten Beinen auf den Boden. Die anderen Kinder stehen vier Meter entfernt verteilt im Raum. Auf Ihr Signal rückt ein Angreifer nach dem anderen vor. Zeigen Sie dem jeweiligen Kind an, wann es los gehen soll. Die Angreifer pirschen sich heran und versuchen, die Klapperschlange vorsichtig auf dem Kopf zu berühren. Sie müssen aber aufpassen, dass sie nicht selbst berührt werden. Denn sobald die Schlange einen Angreifer hört, stößt sie mit ihrem Fangzahn zu. Das darf sie jedoch nur einmal und auch nur in eine Richtung. Trifft die Klapperschlange nicht, muss sie zurück in ihre Lauerposition und die nächste Gelegenheit abwarten. Der Angreifer, der als erster die Schlange am Kopf berührt, wird in der nächsten Runde zur Klapperschlange.

Bewegungsspiele

Die Jagd des Büffels

■ Wählen Sie ein Kind aus, das einen Indianer auf der Jagd spielt. Die anderen Kinder sind die Büffel. Der Jäger muss nun möglichst viele Büffel fangen. Die abgeschlagenen Tiere setzen sich auf eine Decke. Erst wenn sie von einem frei laufenden Büffel freigeschlagen werden, dürfen sie aufs Spielfeld zurückkehren. Der Büffel, der als einziger ungeschlagen bleibt, darf in der nächsten Runde den Indianer spielen.

Wer wird Indianerhäuptling?

■ Alle Kinder sind Indianer und müssen ihrem Häuptling gehorchen, der eine prächtige Kopfbedeckung aus Federn trägt. Wählen Sie ein Kind als Häuptling aus. Er darf nun bestimmen, wie sich seine Stammesmitglieder bewegen sollen und macht es allen vor. Mal läuft er wie ein Reiter im Hopserlauf, ein anderes Mal tanzt er um ein imaginäres Feuer.
Da jeder Indianer einmal Häuptling sein und den anderen „Befehle erteilen" möchte, versucht jeder den Häuptling zu fangen.

Bison treffen

■ Sechs Kinder spielen zusammen einen Bison, indem sie sich an die Schultern oder die Hüften fassen. Die anderen Kinder sind die Jäger, die einen großen Kreis um den Bison bilden. Sie versuchen mit einem Ball das Hinterteil des Bisons abzuwerfen. Der Bisonkopf muss deshalb gut aufpassen, dass dies nicht passiert. Wird er dennoch getroffen, muss der Kopf zum Jäger. Wirft ein Jäger aber vorbei, so wird er zum Hinterteil. Wenn alle Kinder Jäger oder Bisons geworden sind, ist das Spiel beendet.
Variation: Gestalten Sie das Spiel als Wettkampf und begrenzen Sie die Spieldauer eines Durchgangs. Das Spiel endet vorzeitig, wenn der Bison zu klein oder zu groß geworden ist.

Bisons in den Bach treiben

■ Bei der Jagd trieben die Indianer die Bisons oftmals in die Enge. Dieses Spiel wird ähnlich durchgeführt. Grenzen Sie das Spielfeld auf etwa 20 x 30 Meter ein. Trennen Sie eine Seite ab. Hier ist nun ein Bach. Teilen Sie die Kinder in zwei Gruppen auf. Eine Gruppe spielt die Jäger, die andere die Bisons. Die Jäger müssen die Bisons jagen und in den Bach „treiben". Tritt ein Bison in den Bach, scheidet er aus. Wenn alle Bisons im Bach stehen, beginnt die nächste Runde mit getauschten Rollen.

Wettkampfspiel

■ Teilen Sie die Kinder in zwei Gruppen auf und wählen Sie gemeinsam verschiedene Disziplinen aus, bei denen sie ihre Fähigkeiten messen können. Für jeden Sieg bekommt die jeweilige Gruppe einen Punkt. Letztendlich siegt natürlich die Gruppe mit meisten Punkten.

Wettlauf

■ Bei den Indianern diente der Wettkampf in erster Linie der Abhärtung und der Kondition. Das war für ihr Überleben in der Wildnis wichtig, besonders bei der Jagd.
Führen Sie den Wettlauf möglichst auf einer Wiese oder auf einem weichen Boden in der freien Natur durch. Alle Kinder sind nämlich barfuß, um wie die Indianer ihre Mokassins zu schonen. So können sie sich besser in die Rolle der Indianer hineinversetzen und machen zudem intensive Körpererfahrungen. Die Kinder bilden zwei Gruppen und stellen sich in einer Reihe an einer vorgegebenen Spiellinie auf. Auf Ihr Kommando rennen die Kinder nacheinander so schnell sie können eine vorher abgesteckte Strecke ab.

Wettrobben

■ Bei diesem Wettkampf sollen die Kinder wie die Indianer eine vorgegebene Strecke robben. Wenn die Kinder Spaß daran haben, können Sie verschiedene Schwierigkeitsgrade einbauen:

- im Zick-Zack um Bäume und Pfähle robben
- unter einer Schnur durchkriechen
- unter einem Hindernis hindurchkriechen
- ein Hindernis robbend überwinden

Tipp: Die Kinder sollten bei diesem Wettkampf Kleidung tragen, die schmutzig werden darf.

Lacrosse

■ Spielen Sie mit den Kindern doch einmal Lacrosse. Die Kinder kennen das Spiel gar nicht? Das kann nicht sein. Sie kennen es, allerdings nicht unter diesem Namen. Lacrosse ist ein indianisches Wort für Fußball.

Wasser holen

■ Da es bei den Indianern keine Wasserhähne gab, mussten sie das Wasser aus dem nahe gelegenen Fluss holen und ins Lager tragen. Die Kinder spielen diese Situation als Staffellauf nach. Bilden Sie zwei Gruppen. Mit einer Tasse ausgerüstet, laufen die beiden ersten Kinder zum Ende der Strecke, wo ein großer mit Wasser gefüllter Eimer steht. Dort angekommen befüllen die Kinder ihre Tassen, laufen die Strecke zurück und kippen das Wasser in ihren Behälter. Dann übergeben sie die Tasse dem nächsten Kind. Bei diesem Wettkampf zählt nicht nur die Schnelligkeit, sondern auch das Geschick. Zum Schluss wird nämlich auch verglichen, welche Gruppe mehr Wasser in ihrem Behälter hat.
Variation: Damit es etwas schwieriger wird, bauen Sie einige Hindernisse auf.

Hindernisparcours

■ Indianer kannten sich in ihrem Gebiet gut aus. Trotzdem mussten sie sich immer auf mögliche Gefahren einstellen. Wie schnell schaffen es die Kinder, sich in einem Gebiet zu orientieren und Hindernisse zu überwinden? Wählen Sie einen Parcours im Wald aus. Achten Sie auch darauf, dass dort keine Verletzungsgefahr droht, beispielsweise durch glitschige Baumstämme oder zu tief hängende Zweige. Die Strecke sollte für alle Kinder gut zu bewältigen sein. Besprechen Sie mit den Kindern, welchen Weg sie zurücklegen müssen, welche Hindernisse und Aufgaben sie dabei zu meistern haben. Eventuell sollen sie erst einen Baum umrunden, dann über einen liegenden Baumstamm balancieren, über einen Berg klettern und wieder zurück zum Startpunkt kommen.
Die Kinder starten nacheinander. Stoppen Sie die Zeit und notieren Sie die Ergebnisse. Zum Schluss werden sie miteinander verglichen. Der Schnellste ist natürlich Sieger.

Entfesselungskunst

■ Es kam vor, dass Indianer von ihren Feinden gefangen genommen und zu zweit an den Füßen gefesselt wurden. Damit sie in einem unbeobachteten Moment flüchten konnten, mussten sie wahre Entfesselungskünstler sein. Die Kinder finden sich paarweise zusammen. Binden Sie jeweils den rechten Fuß des einen Kindes mit dem linken Fuß seines Partners zusammen. Auf Ihr Kommando sollen sie nun versuchen, sich möglichst schnell zu bewegen und eine bestimmte Strecke zu bewältigen. Welches Paar flüchtet am schnellsten?

Naturspiele

■ Indianisches Leben bedeutet ein hohes Maß an Gemeinschaftlichkeit und einen respektvollen Umgang mit der Natur. Sensibilisieren Sie auch die Kinder für einen achtsamen Umgang mit der Natur. Machen Sie ihnen beim Spiel im Freien bewusst, welch unterschiedliche Materialien uns die Natur schenkt. Betrachten Sie Stöcke, Blätter und Steine. Erkunden Sie gemeinsam Wiesen, Felder und Wälder.

„Dankgebet der Irokesen"
Wir wurden zusammen
mit allen Geschöpfen auf diese Erde gesetzt.
Alle diese Geschöpfe,
auch die kleinsten Gräser und die größten Bäume,
sind mit uns eine Familie.
Wir sind alle Geschwister
und gleich an Wert auf dieser Erde.

Wachsames Auge

■ Die Kinder testen bei diesem Spiel, ob sie ein wachsames Auge haben. Gehen Sie mit ihnen in ein überschaubares Gelände, wo sie interessante Naturmaterialien sammeln sollen. Sie dürfen nur Materialien mitnehmen, die bereits am Boden oder im Wasser liegen oder im Gestrüpp hängen. Dies können Federn, kleine Äste, Steine, Rinde und Blätter sein. Geben Sie den Kindern etwa zehn Minuten Zeit. Mit einem zuvor vereinbarten Signal rufen Sie alle Kinder zurück. Veranstalten Sie eine kleine Ausstellung, in der die Fundstücke betrachtet werden. Später können die Materialien dann zum Basteln verwendet werden.

Variation: Die Kinder bilden Paare oder Kleingruppen. Jedes Team muss ganz bestimmte Dinge sammeln. Es gewinnt das Team, das zuerst alle Materialien gefunden hat.

Fühlst du es?

■ Die Kinder bilden Paare. Getrennt machen sich die beiden Partner auf den Weg, um verschiedene Materialien in der Natur zu sammeln. Sie dürfen nicht sehen, was der andere gefunden hat. Aus diesem Grund geben Sie jedem Kind ein Säckchen mit, in dem es seine Funde verstecken kann.

Nach etwa zehn Minuten finden sich die Paare wieder zusammen. Ein Partner legt sich bequem hin und schließt die Augen. Das andere Kind streicht nun vorsichtig mit den verschiedenen Fundstücken über sein Gesicht oder die Innenseite des Arms. Das liegende Kind darf erst einmal genießen und erzählen, was es fühlt. Dann muss es raten, was es gewesen sein könnte. Anschließend wechseln die Partner ihre Rollen.

Bauen mit Decken

■ Kinder spielen gern mit Decken und verwenden sie häufig zum Bauen von Höhlen. Stellen Sie den Kindern verschiedene Decken zur Verfügung, mit denen sie spielen können. Erzählen Sie ihnen dazu folgende Geschichte, die etwa um 1880 aufgezeichnet wurde.

Eine Pawnee-Geschichte

Die Cheyenne sprechen nicht miteinander, sobald sie ihr Lager verlassen. Dies ist auch bei vielen anderen Indianern so. Wenn ein Mann das Dorf verlässt, allein auf einem Hügel sitzt oder steht, bedeutet dies, dass er wirklich allein sein will. Dieser Wunsch wird von allen Stammesmitgliedern respektiert, denn vielleicht möchte er meditieren oder beten.

Da war einmal ein junger Pawnee, der sich auf den Kriegspfad zum Lager der Cheyenne begab. Irgendwie war er in den Besitz einer Cheyenne-Decke gelangt. Er schlich sich nahe an das Lager heran, verbarg sich und wartete. Am Nachmittag verließ er sein Versteck und stieg auf einen Hügel, von dem aus er das Dorf überblicken konnte. Er hatte sich in die Decke gehüllt und sie über den Kopf gezogen, so dass nur ein kleines Loch für die Augen blieb. So stand er ein oder zwei Stunden ruhig da und beobachtete das Lager. Bald kamen die Männer von der Jagd. Einige führten die mit Fleisch beladenen Packpferde. Einer der Jäger ritt auf einem bepackten Tier, während er ein weiteres Lastpferd und ein schwarzgeflecktes Pony an der Leine führte. Das war sein Jagdpony. Diese schnellen Tiere wurden nur zur Jagd und auf Kriegszügen geritten. Danach wurden sie an den Fluss gebracht, gewaschen und gestriegelt. Als der junge Pawnee das Pony sah, wusste er, dass er es haben wollte. Der Jäger führte das Tier in sein Dorf, stieg ab, gab den Frauen die Zügel und ging in sein Zelt. Jetzt war der Zeitpunkt für den Pawnee gekommen. Er stieg hinab ins Dorf und lief zielstrebig zu dem Zelt, wo die Frauen das Fleisch abluden. Er griff die Zügel des Jagdponys und von einem der Packpferde. Die Frauen traten zurück. Sie waren wohl in der Annahme, dass dieser junge Mann ein Verwandter sei und die Tiere an den Fluss bringen wollte. Der Pawnee beherrschte die Sprache der Cheyenne nicht und murmelte deshalb mit gedämpfter Stimme ein „M-m-m-m". Dann führte er die beiden Tiere zum Fluss. Sobald er das Ufer überquert hatte und außer Sicht war, schwang er sich auf das gefleckte Pony. Er ritt in den Wald und war schon bald mit dem gestohlenen Tier auf und davon.

■ Fordern Sie die Kinder auf, die Geschichte nachzuspielen. So können sie ein Gefühl dafür bekommen, wie es ist, wenn man einmal seine Ruhe haben möchte. Halten Sie außerdem die selbst gemachten Steckenpferde (siehe Seite 23) bereit, damit sie sich jederzeit wieder der Gruppe zuwenden können.

Überlegen Sie nach dem Spiel gemeinsam, ob die Kinder auch manchmal allein sein wollen. Vereinbaren Sie in der Gruppe ein Zeichen, das diesen Wunsch deutlich macht und von allen respektiert werden muss. Das kann eine bestimmte Decke sein, die sich das Kind nimmt, wenn es ungestört sein möchte.

Wir feiern ein Powwow

■ Ein spannender Abschluss des Projekts ist ein Powwow. Beziehen Sie die Kinder bei der Durchführung und Mitgestaltung des Festes ein, um ihre Vorfreude zu steigern. Sammeln Sie die Ideen der Kinder und überlegen Sie gemeinsam die Umsetzungen. Lassen Sie die Kinder auch mitentscheiden, ob sie ihre Eltern, Geschwister und Freunde einladen oder lieber als Gruppe feiern wollen.

Was ist ein Powwow?

Ein Powwow (sprich: „Pauwau“) ist ein neuzeitliches Indianerfest mit Tanz, Gesang, Geselligkeit, Wettbewerben, Essen, Verkaufsständen und noch einigem mehr. Manchmal findet mit dem Powwow auch ein Umzug durch die Stadt, ein Rodeo, ein Softball-Turnier, ein Konzert (oft mit indianischen Bands), ein Rummelplatz („carnival“) oder eine Kunstausstellung statt.

Anfangs feierten nur die Prärie-Stämme Powwows. Mittlerweile haben alle nordamerikanischen Stämme ihr Powwow. Sie finden überall in den USA, in Kanada und sogar in Europa statt. Es hat sich zu einer der wichtigsten Ausdrucksformen indianischer Kultur entwickelt. Hier knüpfen sie neue Kontakte, pflegen sie ihre Traditionen und ihre Kultur. Mit den Intertribals wird der Tanz beim Powwow eröffnet. Diese Tänze sind das Herz des Festes, da alle mitmachen können.

Findet das Powwow im Freien statt, gehört meist ein Camp dazu. Dort wird gezeltet und lebt das alte indianische Lagerleben wieder auf. Häufig reist die ganze Familie schon vor dem Powwow an und baut ihr Lager. Allerdings verwenden die meisten Indianer heutzutage moderne Campingzelte statt der traditionellen Tipis.

Ausstellung

■ Laden Sie mit den Kindern zu einer Ausstellung ein. Präsentieren Sie den Besuchern die Bastelarbeiten, Fotos, Aufzeichnungen, Aussagen und Arbeitsergebnisse der Kinder. Suchen Sie einen geeigneten Platz für die Exponate aus, der zum Ansehen und Verweilen in der Ausstellung anregt. Mit Projektergebnissen, die das wirkliche Leben der Indianer darstellen und gängigen Klischees entgegenwirken, leisten Sie einen wichtigen Beitrag zur Aufklärung.

Besinnliches Lagerfeuer

■ Selbst ein schwach loderndes Feuer übt eine große Faszination auf Kinder aus. Das Betrachten der Flammen versetzt sie in meditative Stimmung. Das Knistern, das Lodern, der Geruch und die Wärme des Feuers vermitteln vielfältige Sinneserfahrungen. Ermuntern Sie die Kinder auch auf diese Eindrücke zu achten.

Rückblick am Lagerfeuer

■ Das gemütliche Lagerfeuer bietet eine schöne Gelegenheit zum Erzählen. Fragen Sie die Kinder, was ihnen am Indianer-Projekt am besten gefallen hat. Lassen Sie dabei den selbst angefertigten Talking Stick herumgehen. So weiß jedes Kind, wann es an der Reihe ist und kann sich beim Erzählen an dem vertrauten Gegenstand „festhalten". Schreiben Sie die Aussagen der Kinder mit. Diese können Sie für Ihre persönliche Projektdokumentation verwenden oder später auch den Eltern präsentieren.

Pony reiten

■ Ponys machen das Fest zu einem echten Powwow. Vielleicht können Sie ja einige Tiere für das Powwow bei einem Reiterhof mieten oder ausleihen. Sprechen Sie ein solches Angebot mit den Eltern ab und klären Sie, ob eines der Kinder gegen Pferdehaare allergisch ist.

Übernachtung im Camp

■ Mit einer Übernachtung im Camp klingt das Powwow stilgerecht aus. Gleichzeitig verleiht es dem Projekt einen unvergesslichen Abschluss. Organisieren Sie ausreichend Zelte, damit jedes Kind seinen eigenen Schlafplatz einrichten kann. Stellen Sie sich vor, diese Zelte seien echte Tipis und das Camp ein traditionelles Indianerdorf.
Jedes Kind sollte für die Übernachtung eine Luftmatratze, einen Schlafsack oder eine Decke zum Einkuscheln, Waschzeug, einen Schlafanzug und ein Kuscheltier mitbringen.
Bevor es jedoch zum Schlafen geht, verbringen die Kinder noch einige Zeit am Lagerfeuer mit den Spielen, Geschichten und Liedern, die sie im Projekt gelernt haben. Im Schein des Feuers werden sie sich gerne an die Projektzeit erinnern. Selbstverständlich dürfen die Kinder an diesem Abend auch ihre indianische Kleidung tragen und die Utensilien mitbringen, die sie in den Projektwochen angefertigt haben.

Tipp: Wenn Sie das Lagerfeuer anlegen, achten Sie darauf, dass die Zelte in ausreichendem Sicherheitsabstand aufgebaut sind.

Feuerstelle anlegen

■ Gehen Sie mit den Kindern zunächst in den Wald, um das benötigte Brennmaterial zu sammeln. Bereiten Sie die Feuerstelle so vor, dass umstehende Personen nicht durch Funkenflug gefährdet werden. Graben Sie mit den Kindern ein Loch. Es sollte einen Durchmesser von ungefähr einem halben Meter haben und zehn Zentimeter tief sein. Legen Sie Papier, Heu oder Stroh in die Mitte der Feuerstelle. Stellen Sie um dieses leicht entzündbare Material dünne, trockene Zweige aufrecht in Form eines kleinen Indianerzelts auf. Schichten Sie anschließend dickere Äste und Holzscheite locker darüber. Rollen Sie ein Stück Papier zusammen und zünden Sie es wie eine Fackel an. Halten Sie die Flamme in die Mitte vom Brennholz, sodass die dürren Materialien Feuer fangen.
Stellen Sie zum Löschen des Feuers ausreichend Wasser, Sand und Erde bereit. Erklären Sie auch den Kindern, wie sie am schnellsten und sichersten ein Feuer löschen können.
Beachten Sie bitte unbedingt, dass Sie beim Träger Ihrer KiTa die Erlaubnis für ein offenes Feuer auf dem Gelände einholen müssen. Informieren Sie sich zudem bei der örtlichen Feuerwehr über mögliche Brandgefahren und unabdingbare Sicherheitsvorkehrungen.
Tipp: Weitere Hinweise zum Thema Feuer finden Sie in der Pep-Mappe „Feuer und Flamme“.

Gutenachtgeschichte am Lagerfeuer

■ Bevor die Kinder in ihre Schlafsäcke schlüpfen, erzählen Sie ihnen eine Gutenachtgeschichte am Lagerfeuer. Die folgende Geschichte handelt vom Leben der Indianer und drückt ihre Verbundenheit zur Natur aus. Vielleicht haben Sie ja Glück und der Himmel ist sternenklar, dann könnten Sie mit den Kindern den „Großen Bären" suchen.

Kojote schmückt den Himmel mit Sternen aus

Vor langer Zeit lebten fünf Wolfsbrüder, die unzertrennlich waren. Wo sie auch hinwanderten, immer blieben sie zusammen. Nur ihr Freund Kojote durfte sich in ihrer Nähe aufhalten. Mit ihm teilten sie auch gerne ihre Beute. Eines Abends sah Kojote seine Freunde in einer Reihe sitzen und in den Himmel schauen.
„Was habt ihr entdeckt?" fragte er die Brüder.
„Wir sehen uns den Himmel an!" sagte der älteste Wolf.
Am nächsten Abend traf Kojote die Brüder am selben Platz wieder. Wie am Vorabend betrachteten sie den Himmel. Neugierig wandte er sich an den zweitältesten Wolf und fragte ihn, warum sie jedes Mal in den Himmel starrten. Aber seine Frage blieb unbeantwortet.
Der Argwohn der Wölfe kränkte Kojote sehr. Er beobachtete sie weitere vier Abende. Dann beschloss er, einen letzten Versuch zu wagen. Diesmal wandte er sich an den jüngsten Wolf und fragte ihn, was es denn am Himmel zu sehen gäbe. Darauf erzählte ihm dieser, dass sie dort zwei Tiere entdeckt haben. Sie wissen aber nicht, wie sie sie erreichen können.
„Lasst uns hinaufsteigen und sie fangen", sagte Kojote.
„Wie sollen wir das tun?"
„Oh, mir wird schon was einfallen, um in den Himmel zu gelangen", erwiderte Kojote. Er sammelte viele, viele Pfeile. Einen nach dem anderen schoss er in den Himmel. Der erste Pfeil traf die Himmelsdecke und blieb dort stecken. Mit dem zweiten traf er das Ende des ersten. Und so schoss er immer weiter, bis die Pfeile in einer langen Reihe aneinander hafteten und wie ein Seil auf die Erde reichten.
„Jetzt können wir hinaufsteigen", sagte Kojote.
Zuerst kletterte der älteste Wolf empor. Dann folgten seine vier Brüder und als letzter machte sich Kojote auf den Weg. Nach mehreren Tagen mühsamen Kletterns

erreichten sie endlich die Himmelsdecke. Es erwies sich, dass die beiden Tiere, die die Wolfsbrüder erspäht hatten, Grizzlybären waren.

„Geht nicht so nah heran", warnte Kojote seine Freunde. „Sie könnten euch anfallen und in Stücke reißen". Aber die jüngeren Wölfe stürzten bereits auf die Bären zu. Die anderen beiden Brüder liefen hinter ihnen her. Nur der älteste Wolf hielt sich zurück. Als er sah, dass die Bären sich friedlich verhielten, trat auch er näher heran. Kojote jedoch misstraute den Bären und wagte sich nicht heran.

Aus der Ferne blickte er zu den Tieren herüber und dachte: „Ein hübsches Bild, die sieben Tiere dort. Wenn die Menschen auf der Erde in den Himmel blicken, werden sie sagen, dass doch jemand geholfen haben muss, die Wölfe hinaufzubringen. Dann werden sie die Geschichte von mir erzählen. Die Geschichte vom Seil aus den Pfeilen, mit dem ich die Wölfe in den Himmel geführt habe."

So stieg Kojote wieder hinab und bewunderte noch einmal das Bild der sieben Tiere. Das Seil aus den Pfeilen aber entfernte er, sodass keiner von ihnen wieder herabklettern konnte. Die sieben Tiere am Himmel werden seither „Großer Bär" genannt. Noch heute sind der älteste Wolf und seine Brüder sowie die beiden Grizzlybären gut zu erkennen. Kojote fand so großen Gefallen an dem strahlenden Sternenbild der sieben Tiere, dass er Lust hatte, den ganzen Himmel mit Sternen auszuschmücken. Nachdem er sein Werk vollendet hatte, rief er den Wiesensperling zu sich. Er bat ihn, wenn er einmal nicht mehr am Leben ist, jedem der den leuchtenden Sternenhimmel bewunderte, zu erzählen, dass dies seine Schöpfung sei. Der Wiesensperling versprach es. Und bis heute erzählt er jedem gewissenhaft die Geschichte von Kojote.

Geschichte aus: www.indianstyle.de/geschichten.htm

Indianische Rezepte

Die traditionelle indianische Küche ist sehr vielseitig und hat zahlreiche Rezepte, die sich kaum von europäischen Gerichten unterscheiden. Das ist nicht verwunderlich, haben wir doch zahlreiche unserer heutigen Grundnahrungsmittel den Indianern zu verdanken, wie die Kartoffel, den Mais, einige Bohnensorten, den so genannten Wildreis, die Erdnuss, den Ahornsirup, die Tomate und den Kürbis.

Stockbrot backen

Für dieses Rezept brauchen Sie lange Stöcke, die Sie mit den Kinder bei einem Waldspaziergang sammeln können.

Zutaten für 4 Personen:

350 Gramm Mehl
1 Päckchen Backpulver
1/2 Teelöffel Salz
40 Gramm Butter oder Margarine
100 Milliliter Milch
1 Ei

■ **Zubereitung:** Die Kinder verarbeiten alle Zutaten - außer der Milch - zu einem krümeligen Teig. Danach geben sie die Milch dazu und kneten ihn weiter. Lässt sich der Teig gut formen, wird er um den Stock gewickelt und dann über das Feuer gehalten.

Tipp: Bevor die Kinder den Teig um den Stock wickeln, sollten Sie unbedingt noch die Spitze säubern.

Geröstetes Brot

Zutaten:

4 Tassen Mehl
1 Tasse Milch
2 Teelöffel Backpulver
1/2 Tasse Zucker
Salz, Fett

■ **Zubereitung:** Die Kinder verkneten alle Zutaten. Ist der Teig dick genug, rollen sie ihn gut aus und schneiden ihn in Scheiben. Erhitzen Sie in einer Pfanne das Fett. Braten Sie darin die Teigscheiben bis sie braun sind.

Baked Indian Pudding (Maispudding)

Zutaten:

1/2 Tasse Maismehl
4 Tassen Milch
1/2 Tasse Ahornsirup
1/4 Tasse Rübenkraut
2 verschlagene Eier
2 Esslöffel geschmolzene Butter
1/3 Tasse brauner Zucker
Salz, Muskat
1/2 Tasse kalte Milch

■ **Zubereitung:** Erhitzen Sie die Milch und rühren Sie das Maismehl ein. Lassen Sie diese Mischung unter häufigem Rühren bei geringer Hitze 20 Minuten ausquellen. Fetten Sie eine große, feuerfeste Form ein. Heizen Sie den Ofen auf 150 Grad vor. Verrühren Sie die restlichen Zutaten - außer der kalten Milch - gut mit dem Maisbrei. Geben Sie eine Prise Salz und eine Prise Muskat hinzu. Füllen Sie den Maisbrei in die eingefettete Form und übergießen Sie ihn mit der kalten Milch. Lassen Sie den Pudding etwa zwei Stunden backen, bis er zwar fest, aber oben noch etwas feucht ist. Nun muss er 30 Minuten auskühlen. Servieren Sie den Maispudding mit Sahne oder Beeren.

Wasna (Nachspeise)

Zutaten:

8 Tassen Weizenkorn
4 Tassen granulierten Zucker
3 Tassen Rinder- oder Hammeltalg
2 Tassen Rosinen

■ **Zubereitung:** Mahlen Sie das Korn gut durch und geben Sie es in eine Mixschüssel. Rühren Sie die übrigen Zutaten unter die Masse und geben Sie sie dann in eine rechteckige Pfanne. Lassen Sie das Ganze einige Minuten ruhen. Teilen Sie Wasna in Stücke und servieren es als Nachtisch oder Snack.

Kirschbällchen

Zutaten:

1 Kilo gewaschene, abgetropfte und entsteinte Kirschen

2 Tassen Hammelfett oder Rindertalg

3 Tassen Zucker

■ **Zubereitung:** Vermischen Sie alle Zutaten. Formen Sie aus dem Teig Kugeln, die etwa die Größe von Tischtennisbällen haben. Bieten Sie die Bällchen als Nachtisch oder Imbiss an.

Indianertorte

■ Backen Sie mit den Kindern einen Kuchen ihrer Wahl und gestalten Sie darauf ein kleines Indianerdorf. So entsteht beispielsweise aus einem Käsekuchen eine Indianertorte.
Für die Zelte halten Sie einige Eistüten und Salzstangen bereit. Die Kinder schneiden die Spitzen der Tüten ab und stellen sie im Halbkreis auf den Kuchen. In die Öffnungen stecken sie nun noch Salzstangen und fertig ist das Indianerdorf. Jetzt fehlt in der Mitte des Dorfes nur noch ein kleines Lagerfeuer. Mit einigen übereinander geschichteten Salzstangen ist auch dies schnell angelegt.

Wildkirschentee

■ Nehmen Sie kleine Zweige vom Wildkirschenbaum. Schälen Sie die Rinde ab. Kochen Sie zwei Tassen Wasser auf und fügen Sie eine Tasse zerkleinerte Kirschrinde hinzu. Lassen Sie den Tee einige Minuten ziehen, bevor Sie ihn servieren.

Pfefferminztee

■ Suchen Sie wilde Pfefferminzblätter und streuen Sie diese in kochendes Wasser. Lassen Sie den Tee einige Minuten ziehen. Zu geröstetem Brot schmeckt er besonders gut.

Stoffsammlung

Damit Sie die Übersicht behalten: Stellen Sie sich hier Ihr eigenes Projekt zusammen.

Forschen und Entdecken

Gestalten

Bewegen und Musizieren

Spielen

Feiern

Indianerweisheiten

Was ist das Leben?
Es ist das Funkeln eines Glühwürmchens in der Nacht.
Es ist der Atem eines Bisons im Winter.
Es ist der kleine Schatten,
der in den Gräsern wandert
und sich bei Sonnenuntergang verliert.
Crowfoot (Blackfoot)

Großer Geist, bewahre mich davor,
über einen Menschen zu urteilen,
ehe ich nicht eine Meile in seinen Mokassins gegangen bin.
Unbekannter Apachenkrieger

Alle Dinge der Schöpfung sind heilig.
Jeder Morgen ist heilig,
jeder Tag ist heilig,
denn das Licht des Tages wurde von Wankan Tanka,
unserem Vater gesandt.
Bedenkt, dass alle Geschöpfe dieser Welt heilig sind
und darum entsprechend behandelt werden wollen.
Hehaka Sapa (Sioux)

Mit Hilfe der Sonne wurde die Erde geschaffen.
Die Erde und ich, wir sind eins.
Der Eine, der das Recht hat, über das Land zu verfügen,
ist der Eine, der es geschaffen hat.
Chief Joseph (Nez Perce)

Geh aufrecht wie die Bäume,
lebe dein Leben so stark wie die Berge,
sei sanft wie der Frühlingswind,
bewahre die Wärme der Sonne im Herzen
und der Große Geist wird immer mit dir sein.
Weisheit der Navaho

Andere Religionen belehren?
Unsere meint, dass das Herz jedem Menschen seinen eigenen Weg zeigt.
Mowihaiz, Magpie (Cheyenne)

Du kannst den Regenbogen nicht haben,
wenn es nicht irgendwo regnet.
Pueblo-Indianer

Wir wurden zusammen mit allen Geschöpfen auf diese Erde gesetzt.
Alle diese Geschöpfe,
auch die kleinsten Gräser und die größten Bäume,
sind mit uns eine Familie.
Wir sind alle Geschwister und gleich an Wert auf dieser Erde.
Weisheit der Irokesen

Nahe den Bergen
klingt der Felsboden hohl unter den Schritten.
Er sagt dir:
Denk daran, die Erde ist eine Trommel.
Wir müssen sorgsam auf unsre Schritte achten,
um im Rhythmus zu bleiben.
Joseph Bruchac

Ihr sollt wissen, dass alles, was ihr braucht,
Geschenke der Erde unten,
des Himmels oben und
der vier Winde sind.
Wenn ihr euch gegen diese Elemente vergeht,
wird es schlimme Konsequenzen für euch haben ...
Sioux-Legende von WHITE BUFFALO MAIDEN

Ich bin das Land,
meine Augen sind der Himmel,
meine Glieder die Bäume,
ich bin der Fels, die Wassertiefe.
Ich bin nicht hier,
um die Natur zu beherrschen oder sie auszubeuten.
Ich bin selbst Natur.
Hopi

Indianerlexikon

BULLBOAT	englische Bezeichnung für ein kreisrundes Flussboot. Diese Boote der Mandans und Hidatsa Indianer von Nord-Dakota wurden erstmalig im Winter 1804/05 gesehen. Das Bullboat bestand aus einem Weidengerippe und war von Bisonhäuten überzogen. Es wurde meist von Frauen gerudert.
CATLINIT	ein weiches, ziegelrotes Schiefergestein, aus dem die Pfeifenköpfe geschnitten wurden. Es stammte aus einem Steinbruch im Gebiet der Sioux Dakota. Seinen Namen hat der Catlinit nach dem Indianerforscher und -maler George Catlin.
CHEROKEE	Indianerstamm von der Ostküste, bekannt durch den „Zug der Tränen". Bei der Deportation durch die US-Armee nach Oklahoma starben 14.000 der 18.000 Cherokee.
KALUMET	eine Tabakpfeife, die bei Friedensverhandlungen reihum geraucht wurde. Sie war mit roten und weißen Federn geschmückt: Rot für den Krieg, weiß für den Frieden.
KATSINAM	(sprich Katschinam) übernatürliche Wesen bei den Hopi-Indianern. Sie sollten den Göttern ihre Bitten um Regen oder Fruchtbarkeit überbringen.
MANITU	eine übernatürliche Macht, das „Große Geheimnis". Andere Bezeichnungen: Wakan Tanka (Sioux), Yasastine (Apachen), Pokunt (Shoshonen), Maxpe (Crows) und Orenda (Irokesen).
MOKASSINS	in der Regel aus Hirschleder hergestellte Schuhe, die kunstvoll mit Glasperlen bestickt waren.
NABELSCHNURTASCHE	Lederbeutel, in dem die Nabelschnur des Neugeborenen sorgfältig aufbewahrt und getrocknet wurde. Der Nabelschnur sprach man eine besondere Kraft zu, sie sollte das Baby beschützen.
PEMIKAN	Speise aus Büffelfleisch, Fett und zerstampften Beeren, die insbesondere bei längeren Jagdzügen in einer kleinen Gürteltasche mitgeführt wurde.
RESERVAT	(ehemals bewachtes) Lager für Indianer, in das sie zwangsumgesiedelt wurden, nachdem sie von ihrem Land vertrieben worden waren.
SCHNEESCHUHE	Holzring mit Ledergeflecht, auf den man seinen Schuh bindet, um über weichen, tiefen Schnee gehen zu können.
TIPI	ein rundes Zelt mit einem Gerüst aus 20 Holzstangen, das mit Bisonfellen gedeckt wird. Es hat einen Schlafbereich, ein Plätzchen für die Gäste und in der Mitte eine Kochstelle. Das Zelt ist oben offen, damit der Rauch abziehen kann.
TOTEMPFAHL	etwa 10 Meter hoher Holzpfahl, der vor dem Haus steht. Er ist mit vielen eingeschnitzten Tierfiguren und dem Schutzgeist der Familie verziert.
ULU	spezielles Messer zum Zerlegen der Jagdbeute, Säubern der Tierhäute und zur Bearbeitung des Leders. Der Handgriff des Ulu war aus Elfenbein, Knochen oder Holz, die Klinge aus Schiefer.

Literatur

Bilderbücher

Barbara Bartos-Höppner, Gerlinde Mader: **Pocahontas Häuptlingstochter.** Esslinger Verlag. Esslingen 1996.
Das Indianermädchen Pocahontas lebte im 17. Jahrhundert im Osten Amerikas. Als es mit den englischen Siedlern zum Streit kommt, übernimmt sie die Rolle der Vermittlerin und reist sogar nach England.

Klaus Bliesener, Norbert Landa: **Mein Indianerdorf. Große Ausgabe.** Ravensburger Buchverlag. 2003.
Eine riesengroße Spielkulisse zum Aufstellen, Betrachten und Bespielen. Mit kleinen Infotexten zum Vorlesen. Geeignet für Kinder ab 3 Jahren.

Geraldine Elschner, Monika Schliephack: **Kleiner Indianer Fallender Schnee.** Neugebauer Verlag. 1998.
Gerade wegen seiner ruhigen und behutsamen Art gewinnt der Indianerjunge Fallender Schnee das schnellste und beste Pferd zum Freund.

Irene Goede, Margaret Wise-Brown: **Der kleine Indianer.** Kerle Verlag. Freiburg 1994.
„Weißt du zufällig, was heute für ein Tag ist?" fragt David den kleinen Indianer. „Das habe ich mir auch gerade überlegt", ist die Antwort. „Aber jetzt weiß ich es. Es ist der Tag, an dem ich DICH getroffen habe." Von diesem Moment an sind David und der kleine Indianer die allerbesten Freunde.

Erich Jooß, Antoni Boratynski: **Der Sohn des Häuptlings. Eine Geschichte von der großen Flut.** Sankt Gabriel. Mödling 1995.
Eine indianische Legende erzählt von einem kriegerischen Häuptling, seinem friedliebenden Sohn und der großen Flut, die Menschen und Tiere verschlingt.

Jutta Langreuter: **Komm in unser Indianerzelt.** Ars Edition. München 2000.

Joachim Mainka, Mona Wolf (Illustrator): **Abenteuer des kleinen Indianerjungen MokMok. Die Adlerfeder.** Falkendörfer Verlag. 2002.
Der kleine MokMok und sein Vater, der stolze und mächtige Häuptling JoJo, begeben sich auf die Suche nach einer Adlerfeder, die MokMoks Kopf schmücken soll. Auf der Suche geraten sie nicht zuletzt durch den Ehrgeiz des Vaters in gefährliche Situationen, die es zu meistern gilt.

Käthe Recheis: **Kleiner Wa-gusch.** Ravensburger Buchverlag. 1997.
Wa-gusch wartet sehnsüchtig auf die Rückkehr seiner Eltern, die auf Wanderschaft sind. Seine Großmutter zeigt ihm, wie viele Freunde er hat: die Wölfe, die Biber, die Bäume und Min-di, das Nachbarmädchen.

Käthe Recheis, Monika Laimgruber: **Kleiner Bruder Watomi.** Kerle Verlag. Freiburg 1998.

Käthe Recheis, Karen Holländer: **Nimm mich mit, großer Adler.** Kerle Verlag. Freiburg 1999.
Ein Junge wünscht sich nichts sehnlicher, als fliegen zu können. Sein Freund, der Adler, erfüllt ihm diesen Traum.

Käthe Recheis, Alicia Sancha: **Wo die Wölfe glücklich sind.** Kerle Verlag. Freiburg 1999.
Kii ist ein junger Navaho-Indianer. Er lebt mit seiner Familie in der Reservation im Südwesten der USA. Eines Tages entdeckt er eine Spur im Sand. Sie gehört Yassi, dem jungen Wolf.

Margret Rettich: **Winnie, der kleine Indianer.** Gondrom-Verlag. Bindlach 2001.
Ein erstes Lesebuch für Kinder ab 5 Jahren. Einzelne Hauptwörter sind durch Bilder ersetzt, um schnellere Leseerfolge zu ermöglichen.

Nina Schindler: **Im Dorf der Indianer.** Carlsen Verlag. Hamburg 2003.

Vorlesebücher

Geraldine Elschner, Monika Schliephack: **Kleiner Indianer Tanzendes Blatt.** Neugebauer Verlag.
Tanzendes Blatt ist ein fröhliches Mädchen. Als der Sohn des Häuptlings plötzlich verschwunden ist, darf sie bei der Suche nicht mithelfen. So macht sie sich allein auf den Weg.

Nathalie Guski, Marie-Jeanne Grasser: **Kleiner Indianer.** Betz Verlag. Wien 2000.
Eine zugleich spannende, melancholische und fröhliche Geschichte für Kinder ab 4 Jahren.

Udo Richard, Dorothea Tust: **Vorlesebären. Indianergeschichten.** Loewe Verlag. 2002.
Spannende Geschichten mit lustigen Ratebildern zum Mitmachen für Kinder ab 4 Jahren.

Falk Scheithauer (Herausgeber), Stefan Hulbe (Illustrator): **Das will ich wissen. Die Indianer.** Arena Verlag. 1995.
Am Beispiel von Kleine Wolke lernen Kinder die Lebensweise und Geschichte der Indianervölker kennen.

Spiel- und Sachbücher

Russell Freedman: **Die großen Häuptlinge.** Carlsen Verlag. Hamburg 1997.
In eindruckvollen Porträts lässt Russel Freedman die Häuptlinge selbst zu Wort kommen und ohne jede Sentimentalität die Fakten für sich sprechen.

Ute Fuhr, Raoul Sautai: **Die Indianer.** Bibliographisches Institut. Mannheim 1995.
Dieser Band beschreibt, wie die Indianer früher in Amerika lebten.

Maria Jacques, Sylvia Hens (Illustrator): **Mein weißer Fuß. Ein Indianermädchen zwischen zwei Welten.** Altberliner Verlag. Berlin 1995.
Das Hopi-Mädchen Poli lebt glücklich in den Bergen von Arizona. Doch eines Tages müssen sie und ihr Bruder Warik in die Stadt ziehen, um die Schule zu besuchen.

Rolf Krenzer, Stephen Janetzko: **Das große Buch von den kleinen Indianern.** Verlag Heinrich Ellermann. Hamburg 1998.
Neben vielen Geschichten entführen zahlreiche Lieder, Spiele, Rezepte und Bastelanleitungen die Kinder in die Welt der Indianer und laden zum Mitmachen ein.

Patricia Mennen: **Erstes Wissen - Indianer.** Ravensburger Buchverlag. 2000.
Diese Sachgeschichte schildert das Leben der Cheyenne-Indianer um 1840. Pablo, ein mexikanischer Waisenjunge, wächst bei den Cheyenne auf und wird langsam einer von ihnen.

Ravensburger Kinderbibliothek. Indianer. Ravensburger Buchverlag. 2003.
Dieses Buch berichtet über das Leben und den Glauben der Prärie-Indianer.

Mari Lu Robbins: **Das Indianerbuch.** Verlag an der Ruhr.
Mehr als dreißig indianische Geschichten erzählen vom Anfang der Welt, von Geisterwesen, Helden und gewitzten Tieren. Sinnlich erschlossen und vertieft wird jede Erzählung über Bastelarbeiten, Spiele, Kochrezepte und andere Aktivitäten.

Signe Seiler, Jörn Hennig (Illustrator): **Was ist was? Band 42. Indianer.** Tessloff. 1995.

Jörg Sommer, Susanne Szesny: **Oxmox ox Mollox. Kinder spielen Indianer**. Ökotopia Verlag. 1999.
Das Buch räumt mit den Mythen über „Rothäute" auf und beschreibt den Alltag der Jäger, Krieger, Wanderer und die von ihnen geachteten Frauen. Zahllose Spiele und Basteleien lassen die Kinder schnell in eine andere Welt eintauchen.

Hans Peter Thiel u. a.: **Meyers Großes Indianerlexikon.** Bibliographisches Institut. Mannheim 1997.
Neben zahlreichen Stichwörtern liefert der Band Informationen über ganz Alltägliches. Wie hielten es die Indianer zum Beispiel mit der Kindererziehung? Oder was stand auf dem Speiseplan?

Angela Weinhold: **Wieso? Weshalb? Warum? Bei den Indianern.** Ravensburger Buchverlag. 2002.
Wie lebten die Indianer? Wie bauten Sie Ihre Häuser? Diese und mehr Fragen werden mit Text, Illustration und interaktiven Elementen beantwortet. Ein Buch für Kinder ab 4 Jahren.

Ruben Philipp Wickenhäuser: **Indianer-Spiele.** Verlag an der Ruhr. Mühlheim/Ruhr 1997.
Die erste umfassende Spielesammlung der indigenen nordamerikanischen Ureinwohner. Eine Einleitung über das Indianerklischee, ein Exkurs zu Mutproben, Fachbibliographie, Fußnoten und ein Index runden den Inhalt ab.

Christine Wolfrum: **Indianer. Alles klar.** Ravensburger Buchverlag. 1998.
Wie wurde ein Tipi errichtet? Wie haben die Indianer gejagt? Dieses spannende Sachbuch ist für Kinder ab 6 Jahren geeignet.

Marion Zerbst, Werner Waldmann: **Tipi, Mokassin und Powwow. Das bunte Indianer Spiel- und Sachbuch.** Sauerländer Verlag. 1997.
Das Buch beschreibt das Indianerleben früher und heute. Außerdem gibt es gelungene Vorschläge für ein Indianerfest, eine Bauanleitung für ein Tipi, Rezepte und Tipps für die Herstellung von Indianerschmuck.

Brettspiel Totonka
Dieses Brettspiel um ein Indianerdorf ist für Kinder ab 4 Jahren geeignet. Es kann mit 2 bis 4 Spielern gespielt werden.

CDs

Knuth Dobroschke (Illustrator), u. a.: **Büffeltanz und Friedenspfeife. CD. Lieder für Indianerfreunde.** Patmos Verlag. 1997.
11 Lieder für alle Indianerfreunde ab 4 Jahren zum Mitmachen und Zuhören.

Rolf Krenzer, Stephen Janetzko: **Lieder und Geschichten von den kleinen Indianern. CD.** Verlag Heinrich Ellermann. 2000.

Internetseiten

www.indianer.de
www.indianerkalender.de
www.indianerlinks.de
www.indianer-welt.de
www.indianerwww.de/indian/index_st.html
www.lesa21.de/lernen/i/indianer/
www.naaog.de
www.tipihistorie.de
www.welt-der-indianer.de

PeP
Projekte entwickeln für die Praxis

Redaktion und Verlag
Cornelia Schönfeld
Axel Wolber
Telefon 07 61 / 27 17 - 320
Fax 07 61 / 27 17 - 343
Verlag Herder
Hermann-Herder-Straße 4
79104 Freiburg i. Br.

Autorin dieser Mappe
Sandra Hänsch
Schillerstraße 14
31141 Hildesheim
Gabriele Wensky
Hasestraße 40
31137 Hildesheim

Illustrationen
Unen Enkh

Korrespondenz
Unverlangt eingesandte Manuskript ohne Rückporto sowie Besprechung exemplare werden nicht zurückgeschickt

Erscheinungsweise
jährlich 4 Ausgaben

Bezugspreise
jährlich im Abonnement € 13,90 je Ausgabe, Einzelheft € 15,00 je Aus gabe, alle Preise zzgl. Versandkoste

Layout-Konzept
Büro MAGENTA
Freiburg

Gestaltung und Satz
HELLA DESIGN
Markus Hella
Hochburger Straße 39
79312 Emmendingen

Druck
Freiburger Graphische Betriebe
Bebelstraße 11
79108 Freiburg-Hochdorf

Papier
Gedruckt auf chlorfrei gebleichtem Papier

Anmerkung des Verlages
Wir danken den Verlagen und Recht inhabern für die Erteilung der Abdruckgenehmigungen. Bei einigen Texten war es trotz gründlicher Recherchen nicht möglich, die Inha ber der Rechte ausfindig zu macher Honoraransprüche bleiben besteher

Ausgabe 2/2004
zum Thema »Dschungel« wird ab de 05.05.2004 ausgeliefert

Bestellungen
Verlag Herder
Frau Catrin Tinn
79080 Freiburg
Telefon 07 61 / 27 17 - 244
Fax 07 61 / 27 17 - 249

ISSN 1436-5383
ISBN 3-451-73041-3

Ausgabe 1/2004
»Bei den Indianern« erschienen Februar 2004